PORTS PIRATES

Du même auteur :

Orchidées poisseuses aux horloges ricanantes, en collaboration avec Philippe Gicquel, (livre d'artiste), Atelier d'art Couleur dite/Parole peinte, Nantes, 1993.

Les Mari-Morgans et autres légendes de la mer, en collaboration avec l'illustrateur Pascal Moguérou, Avis de Tempête, Morlaix, 1997.

Une histoire des faïenceries de Quimper, CMD, Montreuil-Bellay, 1998.

Le chouchenn, l'élixir des dieux, CMD, Montreuil-Bellay, 1999.

Job de Locronan, CMD, Montreuil-Bellay, 1999.

Les rochers sculptés de Rothéneuf, CMD, Montreuil-Bellay, 1999.

« René Guy Cadou et Max Jacob », Actes du colloque Cadou, Joca Séria, Nantes, 1999.

Vieux métiers de Bretagne, éditions Le Télégramme, Brest, 2001.

Saisons de noces, (mariages bretons d'autrefois), éditions Le Télégramme, Brest, 2002.

Ciel! Mon mari est muté en Bretagne, (manuel de savoir-vivre à la mode de Bretagne), éditions Le Télégramme, Brest, 2003.

Couverture : Louis Garneray "L'abordage du Kent - 1836" (détail) - Musée municipal de La Roche-sur-Yon. Photo Jacques Boulissière. Mise en page : Atelier D'Orbestier.

 ISBN 2-84238-066-5 (053-01-15)
Dépôt légal juin 2004 - Imprimé en France

Éditions D'Orbestier - www.dorbestier.com
41, avenue de la Vendée 85180 Le Château d'Olonne - France
Tél. *33* (0) 2 51 21 51 38 Fax *33* (0) 2 51 21 14 10
E-Mail : contact@dorbestier.com

Patrick Denieul

PORTS PIRATES

D'ORBESTIER

AVERTISSEMENT

Si l'aventure s'embusque souvent derrière les mots, elle ne peut s'embarrasser de certains détails et précisions qui entraveraient sa course. Les vies des pirates et corsaires que nous lirons ici sont inspirées de faits réels, le plus souvent rapportées par les chroniques et les souvenirs des marins du temps.

À chaque ville est attribué un de nos héros qui y naquit, y vécut ou s'y illustra et qui peuvent le revendiquer.

Afin de pallier la mémoire des hommes et les lacunes des biographes, nous avons cru bon de mêler à l'existence de ces illustres personnages quelques inventions de notre cru. Que le lecteur scrupuleux ne s'en offusque pas. Il pourra se reporter à la bibliographie en fin d'ouvrage pour parfaire sa connaissance du sujet.

« Que vaut une vie de vaurien
– liberté, crimes et rapines –
face à la mansuétude de Dieu ? »

Jacques Benigne BOSSUET
Déploration de Du Marègue

« Gentilshommes de fortune !
Par le sang du Christ !
Aujourd'hui, nous commençons la grande course ! »

Pierre MAC ORLAN
Les clients du Bon Chien Jaune

À Fabrice
compagnon fidèle
de galère et d'écriture

Surcouf feula, son sabre ensanglanté luisant dans la pénombre des chandelles de suif.

— Eh bien, Messieurs, des amateurs ?

Tout autour, dans la poussière et la crasse du plancher, parmi les vomissures et les crachats, gisaient des corps. Le corsaire pavanait devant l'amas sanglant, sourire carnassier aux commissures des lèvres.

— Ventrebleu ! Que femmelettes parmi l'assistance ! Pas un qui ne tente de me la ravir !

— Tu as l'air bien certain de toi, mon gros ! jeta Nau L'Olonnois dans le dos du corsaire.

Surcouf se détourna, comme un chat qu'on épiaule, évitant ainsi les trois empans de fer de la lame du pirate. La chemise blanche du corsaire se fendit net sous la manche gauche. Le coup laboura juste son flanc, traçant un sillon profond sur la peau. Le corsaire leva son sabre, juste à temps pour parer un autre coup, tout aussi hardi, venu de sa droite. Monbars, surnommé "l'Exterminateur", qui avait tant pourchassé l'Espagnol sur les côtes d'Amérique, s'en prenait à lui.

— Femmelettes ! L'insulte est osée, l'ami, tu ne sais donc pas à qui tu parles !

— Si fait, Monsieur, à un boucher ! J'ai eu tout loisir dans cet enfer d'entendre le récit de vos tueries !

Monbars se recula et contempla en riant Surcouf en sueur.

— Ah, Monsieur, vraiment ! Pourquoi cette dame n'est-elle pas venue plus tôt éclairer notre bouge ! Au moins, nous aurions pu nous distraire en nous étripant !

Monbars s'élança en avant. Surcouf rompit, et la lame du pirate faucha le vide. Le Malouin, du poing qui serrait le sabre, asséna un terrible coup sur l'avant-bras de "L'Exterminateur", qui recula en grognant de douleur. Tapi dans l'obscurité, son épée nue dans une main, et un poignard tranchant dans l'autre, L'Olonnois observait le duel, guettant la brèche entre les deux combattants pour se faufiler. Tout autour, des silhouettes s'agitaient. Montauban, le Bordelais, et l'autre Breton, celui qui avait servi sous les ordres de la duchesse Anne, le gars de Morlaix, Primauguet, semblaient eux aussi vouloir en découdre. "Les camps sont faits" songea L'Olonnois "pirates contre corsaires, liberté contre blanc-seing. Je m'en vais saigner ce gaillard comme un goret...". Et il louvoya vers Surcouf, son poignard ancré dans sa main.

— Elle est à moi, maudit crétin, à moi seul, t'entends !

Les assauts se répétaient, lame contre lame, injure contre ironie cruelle.

— Fi de votre langage ordurier, camarade ! On ne vous a pas appris à parler, à vous autres, macaques ? C'est d'être à la solde d'un maître qui te fait aboyer comme les chiens ?

— Allez, Monbars ! gueula La Buse, de Calais, un pichet de bière en pogne. Crève cette charogne de Malouin, qu'on se partage la petite !

— Cela suffit ! Vos cliquetis d'épée et vos paroles oiseuses m'insupportent au plus haut point !

L'Olonnois, qui s'apprêtait à poignarder Surcouf, se figea, les yeux levés au ciel, comme le reste de l'assistance. La voix planait, impérieuse, lascive, irritée. Cette voix de femme, pour qui n'avait vu gente féminine depuis des lustres, chauffait les oreilles au fer rouge. L'assistance en était statufiée.

Surcouf, profitant de l'instant, désarma Monbars d'un coup de talon bien appliqué et dégaina le pistolet coincé à sa ceinture.

— Elle est à moi, vous m'entendez ! cracha-t-il, la haine à la place de la langue. À moi seul ! Il ferait beau voir à me la prendre !

— Je ne suis à personne, Monsieur Surcouf, que cela soit bien clair !

Pour celui dont les yeux peinaient à percer la pénombre, et la fumée des chandelles, la femme, languissante sur une des poutres de la salle comme dans un lit moelleux, ressemblait à un coquelicot, un superbe coquelicot, avec sa pèlerine couleur sang et la masse de ses cheveux bruns comme un pistil. Un coquelicot en train de brûler, nimbée qu'elle était d'une maléfique lueur qui attisait les regards. Beauté ravageuse et jupons retroussés, laissant espérer des promesses.

— Qui es-tu, la belle? s'écria un cul-de-jatte, sa béquille levée vers le plafond comme une injure.

— Ouais, ton nom, la belle, c'est quoi?

— Descends un peu qu'on goûte à ton giron, qu'on t'épluche comme un beau fruit, qu'on t'écorce!

— La paix, les hommes! Laissez-la parler, bordel de gueuse!

— Je suis ravie d'être parmi de vrais gentilshommes, susurra la femme en rabattant ses jupes sur ses bottines de cuir noir.

Elle extirpa de sa manche un fin mouchoir de dentelle avec lequel elle s'essuya le cou et la naissance des seins. Sous les replis de la pèlerine, on les imaginait polis comme des galets menus, semblables à ceux des sirènes. Son manteau semblait lui peser, à voir son expression alanguie, sa langue qui dardait entre ses dents de souris, ses cils qui battaient sur des prunelles plus pâles que le sillage de la lune dans l'étrave nocturne des navires.

À l'intérieur de la gargote, l'atmosphère devenait vénéneuse. Pareille à ces feux de forêt attisés par le vent, la seule voix de cette femme langoureuse incendiait les cervelles, même des plus endurcis. Le silence se rompit comme la glace au printemps, dans un tumulte carnassier. Chaises, tables, bocks, jusqu'au comptoir imposant et aux tonneaux de mauvais rhum et de bière éventée, tout fut renversé en l'espace de quelques instants. Les marins s'étripaient, la folie au cœur et la rage comme cervelle. Leur seul désir leur dictait leur destin. Ivres d'illusions atroces, ces gueux, jadis fiers marins et vaillants capitaines, se saoulaient de cette bataille grandiose et dérisoire, et encore pour une donzelle! À moi, c'est à moi, cette cuisse, cette croupe, cette braise, nom de Dieu, qui va me dégeler le cul! Et elle? Qui l'avait jamais vu cette raclure, cette sainte, cette drôlesse? Grand Neptune, l'avais-tu donc créée des flots? Qui était-elle vraiment, pourquoi s'encanailler sur cette île désertée par Dieu, ce brasier glacé où l'âme grelottait d'ennui sans pouvoir se réchauffer au souffle violent de l'aventure ? Au diable la séduction, et à ses démons le fruit de nos âmes perdues ! Même la pire catin leur aurait paru divine, à ceux-là, les égarés, les damnés, tous marins, matelots, corsaires ou gentilshommes de fortune.

Les hommes se ruaient à moitié nus sur cet ange de lumière, sans pouvoir seulement l'approcher, sans cesse refoulés par une barrière invisible, une barricade mystérieuse qui protégeait la femme de l'assaut des butors. Nobles, gueux, hommes d'honneur ou crapules, assassins, mendiants ou chevaliers, tous bataillaient pour toucher à peine un pan de ce manteau pourpre qui les aimantait comme des papillons de nuit la flammèche d'une lampe sourde. Elle, royale, badine, paressait dans la lumière de leurs désirs, minaudant de ses yeux clos l'extase d'une étreinte fébrile.

— Que d'agitation pour moi, mes hommes ! Votre désir et votre ardeur me touchent. Mais que suis-je, face à la valeur de vos vies, face au déshonneur qui vous condamne à ces lieux sinistres, face à l'espoir de voguer vers de nouveaux rivages. Vous qui me contemplez, voyez ! Je ne suis qu'une idée, l'idée de la femme que peut se faire un dieu qui ne connaît pas les hommes, mais les supporte. Je suis venue sauver l'un d'entre vous, lui accorder le pardon et la grâce, ainsi qu'il a été établi au commencement de ce monde.

— Et que devons-nous prouver, pour mériter cette grâce ? railla Tom Souville, un gaillard qui avait tâté en son temps des pontons anglais.

La belle se pencha un peu, dévoilant une épaule plus polie que le marbre ou le genou d'une vierge à l'homme qui l'avait apostrophée.

— Me conter une histoire.

Les marins s'étouffèrent d'un grave sanglot de rire, plus amer que moqueur. Des histoires, ils en avaient plein la mémoire. Ça débordait, ça grouillait dans leur cervelle pire que des vers. Y'avait qu'à se pencher pour les saisir ou s'y noyer. Des histoires, ma belle, contre ton cul, ton si beau cul ! Parbleu, t'en auras, c'est sûr ! Et certaines que tu ne seras pas prête d'oublier, maudite gueuse !

— Vous êtes si sots, vous, les hommes. Je ne vous quémande

pas une de ces sornettes calamiteuses dont vous possédez le secret, mais bien plus, bien plus que cela, bien plus que de vaines paroles ou des serments trompeurs. Je veux cueillir sur vos lèvres le fruit de vos bouches, boire à même vos visages la source de vos malheurs. Allez, cela peut être n'importe quoi, je ne suis pas avare de sentiments…

Elle extirpa d'un sac une orange, qu'elle pela de ses doigts fins. Les hommes étaient crispés, rivés à son discours comme un fanal dans la tempête.

— Un épisode douloureux, une boutade, une réplique qui gît dans vos cœurs comme une offense ou un écueil, un bonheur soudain, une angoisse, un rêve, un souhait ou un vœu, une histoire enfin qui vous conte vous-même en entier, sans fard. Vous êtes hommes et c'est un homme que je désire. Un homme, son corps couturé de cicatrices et de douleurs, son esprit soucieux de la somme de ses malheurs et de ses maladresses, de ses choix et de ses contraintes, de ses songes et de ses crimes. Un homme. À cajoler pour l'éternité. Et s'il me sied, si son histoire le résume à merveille, le dépeint tel qu'il est véritablement, aussi bien sous son jour glorieux que dans sa démesure, sa peine ou sa faiblesse, alors je me donnerai à lui, jusqu'à mon âme, et par cette âme seule, son être véritable sera à son tour délivré.

Le jus des quartiers d'orange coula goutte à goutte entre les minuscules dents de l'apparition, coula sur son menton, le long du ravin de sa gorge et disparut dans les obscurs replis de sa chair. La cohorte des hommes, en bas, était fascinée, tout autant par le trajet des gouttes que par le discours de la jeune femme.

— Et pour preuve de ma bonne foi, et pour encourager vos confessions, et aussi apaiser un court instant les tourments de ceux qui ne seront pas délivrés, j'ôterai un à un les habits qui me couvrent ou les remettrai, selon la tournure de l'histoire que j'aurai écoutée.

Et, dans un geste engageant, l'envoyée du divin défit les minces cordelettes de soie qui retenaient sa pèlerine pourpre sur ses épaules nues, dévoilant une robe rubis d'un éclat sombre et maléfique. Une robe entièrement lacée sur le devant, du col à l'ourlet. Une robe aussi rouge que le péché ou le désir, aussi tentante qu'un fruit dont on devinerait le poison sous la peau rutilante.

L'assemblée mangeait sa langue, les sens chavirés par les paroles enchanteresses de l'apparition. Que répondre, quand la Beauté propose de se dévoiler contre une parcelle d'existence? Qui alors se dénudait le plus, se livrait le plus, de l'aventurier ou de l'ange? Un homme s'avança soudain, fendant la foule songeuse d'une démarche grotesque, silhouette efflanquée drapée dans une cape usée jusqu'à la trame.

— Moi, moi, je parlerai! Et le premier, encore! Et, ma Belle Dame, tu feras bien ce que tu veux, te foutre à poil ou pas, je m'en grée le cacatois. De toute manière, j'aurais parlé, j'aurais dit et répété ce que je vais dire! C'est pas humain, non, c'est trop d'injustice que j'ai subie!

— Oh, ferme-là, Vent-en-panne! Tu ne vois pas que tes fariboles n'intéressent personne! On le sait bien, comment t'as fini!

Le dénommé Vent-en-panne tendit un doigt maigre vers un homme aux yeux fous et au sourire chafouin, juché sur un tonnelet de bière.

— On ne te demande rien à toi, La Grole! Ventreborgne! C'est pas toi qui nous a livré aux Anglais, qui va me faire la morale, tout de même! Si la Belle Dame veut écouter mon histoire, j'lui raconterai, c'est tout!

— Parle, Vent-en-panne. "La Belle Dame", comme tu m'appelles si joliment, consent à ta requête.

Alors l'obscur marin, que les Frères de la Côte surnommaient familièrement "Vent-en-panne", cracha dans ses paumes d'un air réjoui. Le nez tourné vers le plafond, il entama doucement son récit comme s'il dévorait une miche de bon pain, d'un même sourire radieux et édenté.

OSTENDE

"Vent-en-panne", pirate et joueur, perd sa fortune sur un coup du sort

— Deux solutions, l'ami, fit le malandrin en appuyant sa lame sur ma poitrine nue. Ou tu payes ce que tu dois, ou on t'écorche, propre et net.

Jamais je n'aurais dû jouer mes dernières pièces avant d'embarquer. Le port grouillait de ces escrocs prompts à délester l'honnête marin de sa part de prise. J'étais encore tout étourdi de cette nuit d'ivresse écoulée avec Alma, dans un bouge minable. Alma ! Son cul magistral et ses morpions ! Ses hanches en saindoux et sa peau plus grêlée de vérole que la mienne ! Encore une pauvresse que ma fortune avait séduite, à défaut de ma trogne !

— J'ai pas bien entendu, gronda le voleur en enfonçant sa lame dans ma peau. Tu prends quoi, comme décision, camarade ?

Un mince filet de sang tâcha le devant de ma chemise. Je suais, j'agonisais déjà, j'allais mourir. Crevure d'Ogeron qui m'avait forcé à attendre à Ostende ma fortune, pendant que lui s'engraissait là-bas, à l'île de La Tortue !

— J'ai de l'argent, votre grâce, beaucoup d'argent, grasseyai-je terrifié. Mais pas ici, sur mon bateau, là-bas.

Et du doigt, je désignais "La Grincheuse", qui mouillait à quelques encablures de là. "La Grincheuse", une caravelle à voiles latines rachetée la veille à un négociant de draps. Le bâtiment allait faire voile vers les Antilles, ma véritable patrie. L'argent ne soignait pas les rhumatismes, au contraire de la caresse du soleil. Ah, la chaleur, les femmes à la croupe légère, les compagnons, les rires et les beuveries, les chants, tout un monde coloré, tournoyant de parfums et de douceurs. Il n'y avait plus rien à vivre sur le vieux continent. Plus rien qui vaille la peine d'en mourir. Déjà les marchandises, choisies avec soin, reposaient dans la cale. L'équipage, un ramassis de gaillards et de fainéants, avait regagné le bord et m'attendait, prêt à embarquer vers des courses lointaines. Pour préparer cette expédition, il avait fallu puiser dans le magot, avec largesse. Les trois cents écus que j'avais misés par mégarde étaient tout le foutu fond de ma bourse et ceux-là, avec qui j'avais joué et perdu, en voulaient bien davantage.

— Vous avez entendu, les amis, ricana le malandrin sans cesser d'appuyer sur sa lame. Monsieur a un navire. Monsieur m'appelle sa grâce. Eh bien, on va le visiter, ton foutu navire, mon seigneur. On va le visiter de fond en comble, pas vrai les amis ! La Trogne et toi, Beuglant, lâcha le malandrin d'un ton sans réplique, allez chercher le reste de la bande. Ils doivent se trouver au "Chat Huant", comme d'habitude.

Les deux hommes s'esquivèrent sans répondre. De la belle engeance, pas de doute. Mon amour du jeu, qui tenait plus de la damnation que du plaisir, m'avait encore joué. Je quittais juste au matin les bras d'Alma, la dernière nuit passée à terre, et je m'en allais rêveusement vers "La Grincheuse". Un autre type de femme. L'air sentait la marée et l'aventure. C'était le bon temps, l'heure d'embarquer. Je souriais au monde, dans cette aube un peu blême où je hasardais mes pas. J'avais bourré d'un tabac bien gras une bonne pipe en terre. J'étais fier de moi. Tout m'enchantait, du râle d'une mouette au pavé souillé d'ordures. Soudain, je m'arrêtai net, comme saisi d'un sortilège. Dans un renfoncement de ruelle, entre deux entrepôts, quelques matelots crasseux avaient improvisé une table de jeu, risquant leur maigre solde aux dés. Je les reluquai, la bave aux lèvres et l'œil grisé. L'envie de jouer me tressaillait l'échine. Je soupesai ma bourse, en bon bourgeois qui se respecte. Elle était chaude de trois cents écus encore, le solde de ma fortune, après ma vie de bamboche et l'achat de "La Grincheuse". Je m'approchai en sifflant, saluai la compagnie. Ils ne levèrent même pas la tête. L'un d'entre eux lançait déjà le farinet, un de ces dés marqués sur une seule face. Un maigre jeu pour de maigres joueurs. J'allais les plumer, ces cocos-là, pardi! Je retroussai les manches de mon habit. Le farinet, c'est comme tout, il suffit de croire en sa chance. J'avais pourtant l'impression de me livrer à un amusement de fillette au lieu des fastes des bouges d'Hispaniola, là-bas, aux Antilles. Ah, les Antilles! Là-bas, quand on jouait, les bras des filles de joie en pendentif autour du cou, toute la salle se taisait. Des sommes colossales changeaient de main sur un caprice des dés, sur une mauvaise carte. Le rhum soignait les déceptions et les échecs mieux que les lames. On ne ferraillait pas entre Frères de la Côte, ou alors pour régler des questions plus graves, des dettes d'honneur. Le gaillard avait-il perdu la totalité de la cargaison arrachée aux Espagnols quelques jours plus tôt? Peu importait! Il pariait déjà sur la deuxième, celle qu'il leur prendrait le lendemain.

— Tu joues l'ami? me questionna un des marins en se tournant vers moi.

Je m'emparai du dé. Le jeu était simple. Il fallait tomber sur la face marquée trois fois de suite en six coups. On misait ce qu'on voulait. Je ricanai.

— Vous ne connaissez donc pas d'autre jeu que celui-là, mes gaillards? Je vais vous battre à plate couture, foi de "Vent-en-panne"!

— "Vent-en-panne", tu dis? C'est quoi, ce surnom? On t'aborde par l'arrière, c'est ça?

Rires dans l'assemblée. L'un des quatre pouilleux présents mima sur un autre une bordée salace en se frottant à lui. Je crachai à terre de dégoût, le dé toujours dans la main.

— Tas de loches, ce surnom, c'est né d'une risible histoire de calme plat interminable, qui m'a tenu plus d'une semaine immobile sur l'océan. Quand on m'a enfin secouru, quand on m'a montré le rivage tout proche, si proche que j'aurais pu nager pour le rejoindre, j'avais les lèvres tellement sèches que j'avais juste pu articuler: "Vent-en-panne"! Et ça m'est resté!

— Eh, matelot, avait jeté un des joueurs, celui qui m'épinglait la poitrine à présent, ta vie, on s'en fout, c'est le dé qui nous intéresse. Alors, tu joues ou tu disparais.

J'avais joué, pour mon malheur. Le temps avait fraîchi d'un coup. Une sale pluie s'incrustait peu à peu dans les ruelles du port et sur le quai. La mer changeait petit à petit, devenant houleuse, aussi mauvaise que le vin des tavernes d'ici que le sieur Ogeron, le fichu gouverneur de l'île de La Tortue, m'avait obligé à boire. La peste de ce coquin! Voilà que ce drôle, tout puissant qu'il était, s'était cru maître de ma fortune! Tout ça sous prétexte de m'assurer une retraite précieuse, comme quoi le sieur "Vent-en-panne" aurait pu s'acheter un titre, devenir marquis ou bien prince ou quoi d'autre encore, avec serviteurs en livrée et hôtel particulier dans les beaux quartiers, avec ses pairs! Une mort de notable en somme, un enterrement de mon vivant. Tout ça révulsait bien ce bon "Vent-en-panne", qui avait commencé mousse à onze ans, avec la rage au cul et les coups de pied au ventre, qui avait tant et tant fait qu'il s'était hissé de larbin de la Marine Royale au rang de capitaine de son propre navire. Alors, cet argent, ce bel argent, qui soi-disant lui vaudrait des rentes et de la considération, il s'en foutait bien. Jamais des ducats, des écus, des livres n'avaient anobli les yeux des hommes. Pour les gens de la bonne société de l'endroit, de n'importe quel endroit où je poserais mon cul et ma vérole, je demeurerais toujours ce coursier des mers veule et gauche. Un paria de leur monde, ne sachant jamais tenir correctement une fourchette ou une conversation. Alors, merde à Ogeron qui m'avait fait m'encroûter dans ce port, mariner dans les draps aigres des putains, en attendant de toucher la magnifique lettre de crédit que le gouverneur m'avait remise en échange des 7000 écus ravis à l'Espagnol. Ma dernière prise, la plus mémorable. Celle que je m'apprêtais à miser avec mes compagnons des Antilles et que la poigne de velours du maître de l'île de La Tortue avait dérobée.

Tout à ma colère, je ne regardai pas le dé. Il heurta dans un bruit mat, sourd, le bord de la caisse à poissons qui servait de tapis de jeu.

— Perdu, fit le chef de la bande. Faut miser encore. Donne dix écus et ça ira.

Les autres marins se gaussaient de moi. La fièvre du jeu, comme une mauvaise blessure, se rouvrit dans mon crâne. Des dix écus donnés, j'en perdis vingt, puis trente, puis cinquante, cent, toute ma fortune. Quand j'eus épuisé jusqu'à la poussière de ma bourse, je haussai les épaules et m'apprêtai à partir. C'est là que le type sortit son coutelas et d'une poussée me plaqua contre le mur de l'entrepôt.

— Pas si vite, mon gaillard, gronda-t-il en me toisant. Les richards dans ton genre, on les soigne. C'est pas trois cents misérables écus qui vont sauver ta carcasse. Tu as commencé à jouer, tu continues.

— Mais je n'ai plus rien à miser, bredouillai-je, et puis je suis pressé, l'ami. Lâche-moi !

D'une ruade, je tentai de me dégager. Mais mon vieux corps fourbu de rhumatismes me lâcha au pire moment. Le type avait une forte poigne, plus puissante que la mienne. Et c'est là qu'il me jeta ces mots : “Deux solutions, l'ami. Ou tu payes ce que tu dois, ou on t'écorche, propre et net”.

Je tremblais comme une main d'ivrogne. Comment se tirer de ce faux pas ? Des quatre, il n'en restait plus que deux, dont un avec une lame capable de me trancher net. Il le ferait, j'en étais certain. Je fermai les yeux et me mis à prier. Oh, je n'avais aucune religion, mais ça ne coûtait rien.

— Toi, tu libères le capitaine, ou je t'écrase la tête par terre.

Cette voix, seigneur, je la reconnaissais entre mille ! Pardi, c'était celle d'Urbain, un esclave gigantesque que j'avais sauvé des années auparavant d'un négrier. J'ouvris les yeux : Urbain, sa peau d'ébène tranchant sur le léger brouillard qui s'installait, tenait à bout de bras le deuxième matelot, mort ou assommé. De son autre poing levé, il menaçait mon agresseur. Ce dernier comprit son erreur et, sans un mot, rangea son couteau.

— C'est bon, c'est bon, murmura-t-il, on est entre gens de bien, non ?

— J'ai pas l'impression, répondit de sa voix menaçante Urbain.

Le malandrin s'esquiva sans demander son reste, laissant sur la caisse mes trois cents écus, plus quelques pièces ridicules. Je m'époussetai, un large sourire aux lèvres.

— Urbain, Urbain, chaque jour qui passe me fait louer le jour où je t'ai libéré !

— Plus tard, les compliments, "Vent-en-panne", soupira mon compagnon en lançant le brigand dans les eaux grasses du port comme s'il s'agissait d'une mouche. Je connais bien ce type de voleurs. Pour exercer sur le port en toute impunité, ils sont protégés, crois-moi.

— Par qui ? Par les Espagnols ?

— Les Espagnols ou d'autres. Mais allons. "La Grincheuse" nous attend. Les hommes m'ont envoyé pour voir si tu ne t'étais pas encore endormi quelque part, à cuver ton vin ou à jouer !

— Ah, persiflai-je en lui emboîtant le pas, si l'équipage se préoccupe de son capitaine, maintenant, où va-t-on !

Urbain était soucieux, et ma boutade tomba à plat. Pour ma part, j'étais assez heureux de m'être sorti de ce mauvais pas en récupérant mes deniers ! Une aventure de plus à raconter à mes frères de La Tortue, en brodant un peu de-ci, de-là et en minimisant bien sûr le rôle d'Urbain.

La fortune, vraiment ! À la fois chance et richesse ! Tout en cavalant vers mon navire, je songeais, amusé, à ces revers insensés que j'avais subis quelques mois plus tôt. Toute mon équipée naissait sans doute de cette partie de cartes diaboliques avec ce vieux marchand juif de La Barbade.

En route vers l'Angleterre, j'y avais fait escale. C'était dans ma période faste, plus riche encore qu'aujourd'hui. J'allais me ranger de cette vie aventureuse et j'ai croisé la route du vieux. Ce vieux était un malin, il ne fallait pas s'y tromper. L'air de rien, alors que je venais juste le trouver pour négocier un collier, il m'avait proposé une partie de tarots. J'étais fort à ce jeu-là. Aussi, j'avais accepté, avec l'appétit du jeu aux lèvres. Les doigts frétillants, j'avais battu les cartes crasseuses, servi, et puis, sur un coup de tête, misé toute ma fortune de l'époque, douze mille écus, sur une seule main, avec grandeur. Le juif s'était incliné, modeste, même si son propre enjeu était de taille. Oh, bon Dieu, j'en avais encore la mémoire qui salivait. Pensez ! Vingt esclaves tout frais venus d'un négrier, de beaux gaillards bien solides, charpentés et sains. Une cargaison entière du sucre le plus pur, protégée avec souci, un moulin à sucre en prime. Et puis surtout ces douze mille trois cents écus d'argent qui scintillaient encore dans mes pires souvenirs.

— Une autre partie ? avait susurré le vieux, une autre petite partie ?

Je le savais, j'aurais dû m'arrêter, j'aurais dû refuser la revanche que me proposait le marchand, dans cette arrière-boutique si propre, si bien tenue. Mais c'était le démon, quand on y pense vraiment, c'était vraiment ça l'œuvre du démon. Le diable qui vous tentait avec toutes ses richesses étalées comme une fille offerte, jupes relevées sur la tête. Vous vous précipitiez et vous aperceviez, une fois votre besogne achevée, que la fille puait le cadavre, que vous aviez engrossé une morte. Oui, parbleu, j'avais bien engrossé la mort et perdu ma fortune, en plus des richesses du vieux juif qui ricanait en s'épouillant la barbe. La peste aussi de ce coquin ! Pour se renflouer d'une pareille chiennerie, il avait fallu briser de l'Espagnol, à nouveau. Et une fois dans les fonds, Ogeron qui me dupait, des conseils mielleux ras la bouche et des sourires carnassiers en coin ! "Allez, allez aux bains, mon ami, allez en Europe, soigner vos misères pendant que je gère ici votre argent". Foutu protecteur que celui-là !

Urbain gravit la passerelle. Je le suivis. Le port bourdonnait d'une activité anormale.

— Ils arrivent, regarde ! cria Urbain, en désignant une petite troupe de soldats qui s'avançaient.

— Lâchez les amarres, hurlai-je terrifié. Tous à vos postes ! Voiles sorties !

L'équipage s'activa comme si le diable lui-même lui fouettait le cul avec un chat à neuf queues. Les soldats, une bonne petite compagnie, armèrent leurs mousquets et nous essuyâmes une forte salve avant de pouvoir franchir les limites du port et gagner la haute mer.

Je crachais de triomphe et ma salive se noya dans les flots. "La Grincheuse" s'enhardissait à présent vers le large, laissant dans son sillage les souvenirs déçus et les espoirs tronqués. Le dos au bastingage, ayant fini d'aboyer mes ordres, je savourais déjà mon retour aux Antilles.

Mais Urbain gardait toujours cet air grave qui me déplaisait fort. Il ne cessait de scruter le large. Soudain, il me désigna un point, qui s'approchait sous le vent.

— Tu les vois, là, le résultat de ton vice ! On va tous y passer, "Vent-en-panne" ! Par ta stupide passion du jeu !

Je regardai par la lunette et blêmis. Deux hourques espagnoles, battant pavillon d'Ostende, fondaient sur nous rageusement par tribord. C'était trop beau, mon destin me rattrapait à la lisière de ma fuite. Quand le premier canon des bâtiments ennemis tonna, j'entendis distinctement le rire aigre du vieux marchand juif siffler à mon oreille.

La "Belle Dame" fit la moue.

— Je suppose, Vent-en-panne, que ton histoire s'achève d'elle-même sur ta mort. Ces deux hourques t'ont coulé. Point. Tu t'es laissé prendre. Il n'y a aucun mérite, là-dedans.

— Attends, s'insurgea le pirate en relevant le bord de son chapeau, t'as demandé n'importe quoi comme histoire. Moi, j'te raconte ma fin, c'est tout ! C'est pas une fin glorieuse, j'admets, mais enfin, c'est poignant ! Le destin, la manière dont il mène les hommes, les revers de fortune qui vous assaillent alors que vous croyez tout maîtriser...

— Certes, reconnut l'apparition. Mais est-ce que cela vaut de se donner à un homme, justement ? Tu n'as vécu en somme que le lot commun des mortels.

Elle balança ses jambes en mesure sans se soucier du silence grandissant qui emplissait la salle enfumée.

— Allez, mon vieux Vent-en-panne, pour soulager tes malheurs et te remercier d'avoir parlé le premier, malgré les récriminations des autres, je vais délacer le devant de ma robe.

Et, sans se presser, elle dénoua un à un les fils qui retenaient le haut de son vêtement. Elle s'arrêta finalement à la taille, dévoilant une gorge superbe et une peau plus blanche que lait, plus douce que miel.

— Et pour un marin de Dunkerque, accepterais-vous de dénouer la suite ?

Du fond de la salle, un homme avait parlé. Bas de taille, assez rond de figure, le crâne chauve, il n'était vêtu que de hardes et allait pieds nus.

— Cela dépend de son histoire, minauda l'apparition.

Tous, dans la salle, avaient compris la règle du jeu. Ne pas bouger, attendre son tour, ou, peut-être, comme Pierre Franc qui s'avançait, saisir sa chance au vol. Mais, que ce soit là ou dans sa vie passée, ça ne lui avait pas trop réussi. Toujours un rien, un grain de sable pour gripper la belle mécanique de sa ruse.

Aussi, les marins le laissèrent-ils passer et s'arrêter sous la poutre où se tenait la donzelle aux mille atours. On se doutait bien de ce qu'il allait raconter, depuis le temps qu'il en parlait, courroucé, haineux, avec toujours le nom de son ennemi aux lèvres.

— Parle, beau marin de Dunkerque, je t'écoute...

DUNKERQUE

Cale sèche devant l'ennemi pour le flibustier Pierre Franc

Les ennuis commencèrent sur l'autre pont.

Le second de l'Armadilla, un nommé Hernandez, au passage d'un marin, dégaina sa lame et lui trancha l'oreille. Dégoûté, je m'interposai, gueulant après le maître du navire :

— Monsieur ! Nous avions votre parole de gentilhomme !

— Vous l'avez toujours, fit ce dernier en relevant violemment le bras d'Hernandez.

— Ces chiens de Français ! rugit le second. Ils ont tué Alferez ! Celui-là valait tout leur pays ! Passons-leur une lame dans le corps, c'est tout ce qu'il leur convient à ces porcs !

— Mesurez vos paroles, Monsieur ! Morts, ils ne nous serviraient à rien. Nous ne nous abaisserons pas à les tuer. Ils auront la vie sauve, du moins sur ce navire. Pour le reste, le gouverneur de Carthagène décidera. Et voilà tous nos accords respectés ! Enchaînez-les à fond de cale, surtout celui-là.

Et de son doigt ganté il me désigna. Le visage livide de colère, je gravai alors dans ma mémoire les traits de cette pourriture, au cas où nos sillages se croiseraient encore. Ce fut mon plus cher remords, quand je débarquai sous l'impitoyable soleil de Carthagène, de laisser cette charogne poursuivre sa vie.

Pourquoi aussi avait-il fallu que le vent cesse ! La grosse capitane que nous comptions dérober en douce ne bougeait plus. Comble du sort, le mât s'était brisé net sous le poids épanoui de la voilure. Pour s'enfuir plus rapidement, on avait donné toute les voiles et un vent furieux, comme un crachat de tempête, avait disloqué l'ensemble avant de disparaître. Mon équipage et moi-même étions perdus, livrés dans l'heure à l'Armadilla, un escorteur espagnol qui protégeait l'embarcation dérobée la veille.

Cela faisait bientôt une journée que nos deux bateaux se pourchassaient tels des escargots peinant sous le poids de leur coquille. La mer était comme morte et cette course ridicule n'en finissait pas. Le cœur haletant, je guettais le moindre souffle de vent, la moindre petite brise. Quand elle survint enfin, je m'aperçus avec rage qu'elle était pour l'Espagnol. Celui-ci, plus lourd, mieux équipé, avait tout juste exposé ce qu'il fallait de voilures pour arraisonner sans crainte notre satanée capitane chargée jusqu'au plat-bord d'huîtres perlières.

Le coup, pourtant, était imparable. C'était le moyen idéal de se renflouer. Notre brigantin avait subi trop d'avaries pour pouvoir chasser en haute mer les navires de passage. Un ivrogne de bon conseil, La Jointure, contre quelques verres vite avalés, m'avait révélé l'existence d'une pêcherie de perles, à l'embouchure de la rivière de La Hache.

— Tu vois où c'est, mon gars? Les Espagnols appellent le lieu la “Rancheria”.

Je connaissais. J'avais louvoyé un peu dans les parages.

— Mais où est l'entourloupe, La Jointure? Y'en a une, pas vrai? Sinon, tu aurais déjà tenté l'aventure, non?

L'ivrogne avait ri, entre deux crachats fiévreux.

— C'est la bonne saison, les courants sont moins forts en ce moment. On est fin février, ils en ont normalement jusqu'en mars, mais il doit y avoir une bonne récolte déjà. Penses-tu! Ça fait déjà cinq mois qu'ils y sont! L'endroit est juste gardé par un bâtiment de vingt-quatre canons, l'Armadilla, sur lequel peuvent loger jusqu'à deux cents soldats.

C'était tout. Difficile, mais pas impossible. Des pirates habiles pouvaient s'emparer de la barque principale où étaient stockées les perles sans trop éveiller l'attention et s'enfuir.

— Dame, fais attention, Pierre Franc de Dunkerque, l'escorteur se colle souvent près du goulet d'entrée! Difficile de s'enfuir!

Il m'amusait, le bougre. La peur, c'était pour après. C'était un luxe que seuls peuvent se payer les gens riches. Je n'avais pas les moyens d'être effrayé par l'épreuve.

Mon équipage, vingt-six compagnons prêts à tout, se révéla enthousiaste à l'idée de tenter l'aventure. Courir les mers sur le "Portefaix" leur semblait impossible. Les vivres s'amenuisaient, à suivre le sillage de navires marchands beaucoup plus rapides que notre modeste brigantin, dont la coque était plus percée que la vertu d'une putain. Déjà, aux parages du Cap de La Vella, à mi-chemin entre le port de Maracaïbo et celui de Campêche, nous avions bien failli couler, à cause d'une mauvaise lame. Couler pour rien, comme des loups trop faibles que la meute abandonne. L'aubaine des perles nous sembla sur le moment un don du ciel.

Oui, mais c'était avant. Le ciel se moquait de nous désormais en soufflant dans la voile de l'Armadilla. Dieu, diable, hasard, destin, quelle différence, hein? Je comptais juste sur mon orgueil, sur ma seule tête pour m'extirper des mauvaises passes. Le marin qui se recommande à Dieu dans les tempêtes sans savoir piloter son navire, abattre le mât ou déserter le bord s'il le faut, succombe assurément. C'était là toute ma croyance.

La proue du bâtiment ennemi s'avançait vers nous. Pour se tirer de ce mauvais pas, il fallait ruser, comme la veille. Comme toujours. Ou craindre d'être capturés, pour notre malheur. Les Espagnols, c'était connu, brutalisaient leurs prisonniers. Ils les obligeaient à construire des murs, à charrier la terre, à creuser des galeries dans leurs mines. Tout cela payé à coups de fouet et d'infects brouets!

Crénom, quelle situation lamentable! Le plan, pourtant, était imparable. Je comptais sur la vitesse et la chance pour réussir notre entreprise. L'une et l'autre s'étaient défilées. Malgré ses pompes à eau à plein régime, notre “Portefaix” poussif avait tenté l’abordage de la capitane. Tout sommeillait alors. La nuit était calme, notre manœuvre presque silencieuse. Les barques des pêcheurs de perles, tels des poussins apeurés, s’étaient réfugiées tout contre la carcasse convoitée de la capitane comme sous les ailes d’une poule. Renard affamé, aux mâchoires abîmées, notre barcasse avait glissé doucement sur l’onde, vers sa proie. Un instant plus tôt, les plongeurs, pour la plupart des esclaves et des indigènes, avaient achevé de transférer à bord du navire la récolte de perles du jour. Tout allait pour le mieux. Seule ombre au tableau, l’Armadilla, au loin, dont le pont semblait bourdonner. Ce satané escorteur avait remarqué notre étrange manège, la présence incongrue d’un brigantin en ces lieux. Sans le vent contraire qui retardait son avancée, il aurait déjà été sur nous.

L’abordage ou la geôle. L’équipage et moi n’avions guère hésité. Sitôt le flanc de notre navire collé à celui de la capitane, nous nous étions rués à bord, sabres et coutelas en main. La faim et la fièvre, nées du manque de vivres et de la promesse des richesses, déformaient nos traits. Nous avions laissé sans remords couler à pic notre antique embarcation, prêts à tout pour nous emparer de la capitane. Pas de retraite. Hardi, gaillards ! Quelques-uns des nôtres perdirent la vie dans la maigre résistance que nous opposa l’équipage espagnol. Une fois maître des lieux, nous enfermâmes pêle-mêle à fond de cale les survivants, les morts et les blessés, sous la garde des meilleurs de nos hommes. J’avais ma petite idée sur le moyen de tromper l’Espagnol. Seule condition, que les prisonniers se taisent. Oh, mais ils se tairaient, sous peine d’être égorgés.

Camouflé dans l’ombre du plat-bord, entouré de mes précieux compagnons, j’observai l’Armadilla virer de bord pour nous accoster. Quelques maigres mots d’espagnol qu’une maîtresse jalouse, originaire de Castille, m’avait un jour enseigné, me revinrent soudain en mémoire. “Holà ! Vous a-t-on assailli ? Qu’est devenu le navire des pirates ?”, s’écriait-on déjà à bord de l'escorteur. "C'est une victoire! Le brigand qui voulait nous prendre est pris et coulé! L'équipage est à fond de cale!", hurlai-je en réponse dans le plus affreux langage qui soit. Je suais à grosses gouttes, tout en tâchant d'imiter la Castillane, son accent langoureux longtemps susurré autrefois à mes oreilles. La faveur de l'ombre et les vivats des marins à mes côtés durent parfaire l'illusion, car déjà l'escorteur s'éloignait pour la nuit. Je le savais, ce n'était qu'un piètre répit. Ils reviendraient demain transférer à leur bord les prisonniers, ces soi-disant prisonniers que nous avions capturés.

Sans perdre de temps, nous avions levé les voiles pour regagner la haute mer avant que l'escorteur ne comprenne la duperie. En vain. Vent trop fort, puis trop faible, mât brisé, voiles déchirées. Un désastre. Nous étions bloqués, tudieu, comme la mouche dans la toile de l'araignée! Encalminés à une demi-lieue à peine plus loin que l'escorteur. Un comble. Déchirant les masques de l'obscurité, l'aube naissante avait éventé notre supercherie. Nous étions joués. La proue de l'Armadilla était déjà sur nous, par l'arrière. Les soldats espagnols, disséminés entre le pont supérieur et les haubans, levaient déjà leurs mousquets. Ils n'useraient pas leurs canons, diantre non, de peur de couler leur précieuse capitane, leur si chère cargaison de perles. Je baissai les bras, rageur et attristé. Toute fuite était impossible et tout combat douteux. Mieux valait se rendre, mais sous certaines conditions.

— Je demande à parler au capitaine de ce navire! hurlai-je alors.

Un homme d'une cinquantaine d'années, aux yeux hautains et à la lèvre ourlée d'une moustache aussi fine qu'un tranchant de fleuret, s'avança.

— C'est moi. Que voulez-vous? Vous rendre ou mourir?

— Nous rendre. Nous serons vos prisonniers à la seule condition que vous nous laissiez la vie sauve ou du moins nous donniez un traitement de faveur. J'ajoute que, dans le cas où vous voudriez nous employer comme esclaves dans une de vos forteresses, nous demandons à ne porter ni chaux ni pierre. Voilà mes conditions. Sinon...

— Sinon? railla le capitaine de l'Armadilla.

— Sinon, nous coulons la capitane dans l'instant, avec tous les prisonniers. J'ai fait clouer les sabords. Un mot de moi et l'eau les noie, ainsi que vos richesses.

J'entendais, venant de la cale, les gémissements des marins et plongeurs, une bonne trentaine d'hommes valides, Espagnols et indigènes. Le commandant de l'Armadilla, après un court instant, leva une main amusée. "Accepté" murmura-t-il en se détournant lentement. Quelques marins sautèrent dans la capitane et nous délestèrent de nos armes.

De l'aventure, je n'ai retenu qu'une seule chose: ne jamais, au grand jamais, faire confiance à la parole d'un ennemi.

Et avez-vous pu le retrouver, ce capitaine? Ou Pescado, son second?

— Que nenni, Belle Dame. Alors que je travaillais aux mines de Carthagène, il a été rappelé en Espagne. Je ne l'ai jamais revu. Quant à l'autre...

— L'autre?

— Oui, Pescado. Mort au combat quelques semaines plus tard, lors d'un abordage. Il y a une justice en ce bas monde, à croire...

— Peut-être, miaula l'apparition en s'étirant voluptueusement. Alors, à présent, à qui le tour?

— Hé là, s'emporta soudain Franc, et moi alors? Vous avez écouté mon histoire et puis maintenant, je dois disparaître? Vous ne vous dévêtez plus, c'est ça? Je ne suis pas assez propre pour vous?

L'apparition le toisa durement, avant de sourire, comme si juste un nuage avait flétri sa face.

— Voilà qui est mieux, Maître Franc, beaucoup mieux. Votre histoire ressemblait par trop à celle de Vent-en-Panne, même désir de richesse, même déboire. Mais vos reproches, là, sont bien beaux.

Tenez, oublions la robe. Pour vous féliciter, je délace d'un cran ma bottine.

Ce qu'elle fit. Franc, dégoûté, cracha à terre et alla jusqu'au comptoir se verser une lampée de rhum. Il vint s'asseoir ensuite à une table aux côtés de La Buse, un flibustier, tout comme lui. Le cou de La Buse s'ornait d'une entaille brunâtre, signe que le pirate était mort pendu.

— Alors, la donzelle n'a pas voulu de ton histoire, Pierre ?

— Essaie, toi. M'est avis que ce n'est pas un ange, mais un démon.

— On appelait ça des succubes, de mon temps. Des démons femelles qui tourmentaient l'âme des jeunes gens de rêves lubriques et délétères.

La Buse gloussa dans sa barbe et éclusa le fond de son godet, où se noyait un fond de bière saumâtre.

— Hé, Belle Dame, lâcha-t-il dans un rot sonnant, vous plairait-il d'entendre une histoire tragique ? Une histoire de fortune et de sang ?

— Peut-être, Maître La Buse, mais je vous préviens. Qu'elle soit plus plaisante que les deux autres !

— Oh, ça ne manquera pas, railla le pirate, ça va vous plaire...

— Je l'espère, soupira l'apparition en balançant son pied déchaussé au-dessus de l'assemblée, muette encore et inquiète.

CALAIS

La Buse, pirate repenti, sur l'échafaud

— C'est l'heure...

Le soleil brûlant de cette fin d'après-midi embrasait les épaules nues du bourreau dont la tête était recouverte pour la circonstance d'un infâme masque rouge. Je me frottai les yeux, tout éberlué de cette lumière tranchant avec l'obscurité du cachot. Dans ma main droite, j'avais froissé en boule le message. Je venais tout juste de l'écrire avec mon sang, avec des gouttes de mon sang, et j'avais peur que cette encre précieuse ne bave sur le papier. Mais il le fallait, il le fallait.

Dans l'étroite cellule, il y avait à peine place pour le bourreau et son commis, le geôlier et un prêtre. Les gardes patientaient dehors. Par souci d'économie, le geôlier, un nommé Gachet, faisait office de barbier. Avec une paire de ciseaux, il tailla ma chemise de forban pour dégager le cou puis coupa au hasard la barbe drue et les cheveux épars. Près de vingt jours de cachot. La sentence avait été rendue la veille. Mort par pendaison.

Je soupirai. Moi qui avais cru échapper à la justice des hommes, me retirer de cette vie aventureuse et fonder une famille sur l'île paisible de Sainte-Marie, même travailler honnêtement, comme pilote dans la Baie d'Antongil au large de

Madagascar, et voilà comment le sort m'accordait récompense. Mort pendu. Comme tous les autres avant moi, mes compagnons de fortune. Et celui-là, L'Hermitte, devenu capitaine de "La Méduse", œuvrant pour le compte de la Compagnie des Indes. Qu'est-ce qu'il lui a pris de me livrer ? Hein ? Après tout ce temps ! Reconnu, arrêté, et voilà ce pauvre La Buse aux fers ! Au moins, les pendus ne souffraient plus de rages de dent ! Toujours garder ça à l'esprit.

Le bourreau me fit lever, une fois la toilette achevée. On me déshabilla, comme le voulait la sentence. Selon la décision des juges, je cite, Chassin, Dumas, Villarmoy et consorts, je devais me présenter nu, à l'exception de ma chemise, merci mes princes, devant la porte principale de l'église de Saint-Denis afin d'expier publiquement mes crimes de piraterie. Et puis, dans la foulée, et malgré ma repentance, être pendu sur la place. Serrant toujours le poing, encadré par deux gardes armés, je suivis le cortège, aussi docile que l'agneau à saigner pour Pâques.

Dans la cour de la prison, le soleil et la chaleur me désorientèrent un peu. La faim me tenaillait tout autant les tripes que les tempes. Pourtant j'avais vécu pire, bien pire : marches forcées dans la jungle, abordages sanglants, fièvres des marais. Je me revis encore aux côtés de ce sacré Anglais, Taylor, un fameux gaillard qui ne manquait pas de courage. À nous deux, nous avions osé attaquer un navire portugais de 72 canons, rien de moins, venu s'abriter de la tempête dans le port de Saint-Denis. Ici même, d'ailleurs, à l'île Bourbon, il y avait un peu plus de neuf ans. Quelqu'un m'aurait prédit alors ma chute, je l'aurais rossé ! J'avais endossé les beaux habits du Vice-Roi des Indes en personne, le comte Ericeira, un freluquet sans envergure. J'étais un homme neuf, un conquérant, dans toute sa splendeur ! Qui alors, qui aurait osé ? Tous les hommes m'adoraient, ravis de partager un butin qu'aucun pirate avant moi n'avait jamais distribué à son équipage. "La Vierge du Cap", comme se nommait le bateau saisi, regorgeait de richesses, à faire pâlir le Roi de

France. Chaque marin reçut pour part quarante-deux diamants de petit calibre. Une fortune ! Seul un homme de l'équipage, un certain Jean Le Beusin, se crut floué dans le partage et brisa l'unique diamant de même poids qu'on lui avait accordé en quarante-deux morceaux, pour que tout ça soit bien égal ! Le bougre ! Ah, je me souviens, on trouvait de tout dans ce navire, de tout : des meubles de prix, des tissus précieux, des bijoux finement ciselés par les plus grands orfèvres d'Europe, des objets de culte en or et jusqu'à un archevêque, parbleu ! Celui de Goa, un vieux coq qui, à lui seul, faisait son pesant d'écus. Fameuse prise ! Et ma part était plus fameuse encore, bien plus, je l'avoue, que ce qu'un capitaine doit recevoir en toute équité, selon la chasse-partie signée avec tous les hommes d'équipage. Qu'importait à présent ? J'aurais dû rendre tous ces trésors dérobés, et non seulement les calices incrustés de rubis pour preuve de ma bonne foi ? C'est cela ? Et quand bien même, ce n'était pas suffisant pour ces gens de justice qui demandaient encore de livrer mon âme en plus de ces richesses pour acheter la clémence du Roi. Mon cul, oui ! Quelques compagnons l'avaient déjà signée, cette charte de repentir troussée par le souverain de France. Grand bien leur fasse de leur honneur ! Je crache sur le mien, et sur celui de Monsieur notre Roi. Louis XV ne souhaite bel et bien que remplir les caisses du Royaume avec le sang des pirates métamorphosé en joyaux. Toutes ces prises et ces abordages dans lesquels mes camarades étaient morts… Laisser tout ça pour rien ? Pour un pays qui les avait sans cesse pourchassés ? C'est vrai, j'ai hésité. J'avais changé. Un matin, c'était oui. Un autre, au diable ! Vous n'aurez pas mon trésor, rapaces ! Tout ce que j'avais raflé et amassé au cours de mon existence sommeillait, à l'abri. J'étais le seul à savoir où. Imaginez, trois coffres gorgés de richesses, disposés en triangle face à l'océan. Une petite énigme, allez donc, pour les dénicher. Je serrai le poing davantage. J'allais mourir, soit, mais pas mon trésor. Dans mon poing, reposait une carte, une carte minuscule, tâchée de gouttes de sang. Un chemin vers la fortune.

Une bourrade dans les côtes. Allez, avance, avance donc,

vieille carne! Tous les habitants de l'île Bourbon étaient là. Le visage grave, ils me toisaient de chaque côté du chemin. L'église était en vue et, tout près, se dressait le gibet. La dernière maison des bannis.

Mes yeux inspectaient la foule en quête d'un visage. Celui de mon fils, Paul. Le garçon avait promis, promis sur les ossements de la Sainte Vierge, juste avant que les soldats ne s'emparent de moi, de se joindre aux badauds et d'assister à l'exécution. Je ne voulais pas mourir comme un chien. Un regard aimé, même celui terrifié d'un enfant de huit ans, me servirait de fanal, j'en étais certain, sur la route étroite du paradis. J'y avais droit plus qu'un autre peut-être même! Pour récompense il y avait ce message. Une suite de chiffres et de signes que j'avais enseignés tout jeune à l'enfant, au cas où. Désormais, seul Paul saurait résoudre l'énigme. Son héritage, le but de toute une vie de rapines et de trahisons. Au demeurant ce n'était pas sorcier, juste quelques chausse-trapes à éviter, phrases à lire à l'envers, symboles tronqués, mots absents. Paul saurait bien. Il le trouverait, ce fameux trésor, je lui avais même montré l'île, sur une carte...

— Olivier! Olivier!

Un cri fendit la foule. Je relevai la tête. Une femme entre deux âges, vêtue comme une furie, les cheveux épars sur les épaules, se débattait dans la foule. Ma femme. C'était ma femme. Et Paul? Où est Paul? Où est l'enfant? La rage agaçait mes mâchoires, j'avais envie de hurler bon sang, mais je me contenais. Je ne voulais pas leur faire ce plaisir, à ces chiens. Les gardes se jetèrent sur elle alors qu'elle tentait de m'approcher. La foule reculait et avançait, comme le souffle de la marée. Une émeute était à craindre. Les gardes se saisirent de ma femme et l'entraînèrent au loin, plus loin, ailleurs. Elle criait, criait encore et ses hurlements de démence me faisaient saigner les oreilles. Olivier! Olivier! Paul, mon Dieu, Paul! Il... Il est... Oh, c'est affreux! Non! NON! OLIVIER! NON! VOUS N'AVEZ PAS LE DROIT! MON MARI ET MON FILS! NOOON!

Sans complaisance, le bourreau me poussa à terre, au pied du gibet. La place de l'église, déjà. Paul disparu, autant en finir. Tout était consommé. Le calice seul restait à boire, mais qu'est-ce que le poison face à l'amertume née de l'existence ? Les assistants du bourreau me relevèrent et me hissèrent littéralement sur les marches de l'église, devant les portes battantes de l'entrée. Le bourreau me passa la corde autour du cou avant de me tendre une torche allumée. Ce vieux La Buse connaissait la manœuvre pour l'avoir tant vu. Je devais étreindre cette maudite flamme tout en récusant mes péchés et mes actes de piraterie, avant de quémander son pardon au Roi et au Dieu de Gloire. Pourriture. Charogne. Comme si on devait toujours regretter ses actes. Sois un bon enfant. Confesse-toi. Admets tes errements. Regrette. Regrette. Et donne ton or au Très Haut et ton âme aux Puissants. Moi, La Buse, je ne regrettais rien. Ni pardon, ni crimes. Ce que j'avais fait, c'était juste. C'était humain. Piller, voler, tromper, c'était dans la nature, la nature du Diable. Alors, regrets, serments... Des mots qui ne valaient pas ma rage, déchirante et vaine.

Peu d'hommes ont jamais la chance de connaître l'heure et le lieu de leur mort. C'était ma seule fierté, l'unique, au seuil du grand saut. Sur ma tombe, si d'aventure les vivants m'en cédaient une, on marquerait "Olivier Le Vasseur, dit "La Buse", né à Calais en 1690, mort à l'Île Bourbon, le 7 juillet 1730, à cinq heures du soir. Pirate honni. Crachez sur lui et passez votre chemin".

La corde du gibet était tendue, bien tendue. Elle râpait déjà la peau de mon cou, comme si elle le léchait. Pour saisir la torche que me jetait le bourreau, je devais desserrer le poing. Livrer mon message. Mon trésor. Devançant le destin, je jetai alors en hurlant le papier chiffonné à la foule amassée sur les marches de l'église :

— Mes trésors à qui saura lire !

La corde était de bonne facture. Elle ne se rompit pas lorsque je m'élançai dans le vide, sans me soucier du pardon du roi et de ses sbires.

Et votre trésor, s'enquit la Belle Dame, la main sur le menton, l'a-t-on retrouvé ?

— Pas encore, à ma connaissance. Mais les vivants ne se vantent pas de ce genre de choses, vous devriez le savoir ! À l'heure des mortels, il doit toujours sommeiller au large de...

— Passez-moi les détails, je vous prie, Maître La Buse, je n'ai que faire des bijoux et des piastres que recèlent vos coffres ! Seule compte pour moi la volupté et votre récit me touche, Monsieur, plus qu'aucun depuis ma venue.

— Grand bien vous fasse, ma charmante ! Et alors, qu'ai-je gagné au jeu des atours ? Votre corset ? Le ruban dans vos cheveux ? L'autre bottine ?

— Hi, l'impudent, gloussa l'apparition, semblant se plaire à la farce. Pour vous, ce sera... ceci !

Et elle entreprit de décrocher le collier ras-de-cou, ainsi que les bracelets d'émeraude qui couvraient ses avant-bras.

— Est-ce donc là tout ce que je vous inspire, s'indigna La Buse en serrant les poings ?

— Ne soyez pas vexé, cher ami, puisque ceci, je vous le donne et ne le remettrai pas !

Et les bijoux atterrirent violemment sur la table du pirate. Personne ne bougea. Les colères de La Buse, homme digne sous ses allures de rustre, étaient célèbres dans le bouge. Seul, dans un coin, un petit bonhomme rustaud se mit à rire de bon cœur.

— Que trouves-tu de drôle à ça, l'ami ? rugit La Buse en fracassant soudain sa chope vide à terre.

— Mais tout, tout ! fit l'inconnu en riant de plus belle. Nous tous, qui sommes là, comme en pâmoison, devant une jouvencelle comme devant un trésor ou un seigneur ! Vous devriez être fier qu'elle se débarrasse définitivement de quelques atours ! Quand elle sera enfin nue, cette mascarade cruelle cessera tout de bon !

— Mais, vas-y, mon brave, vas-y ! Raconte ta vie, elle se déshabillera plus vite ! gueula de plus belle La Buse en se dirigeant vers l'inconnu.

— Oui, Maître Pollet, parlez-moi de vos aventures. Vous êtes corsaire, peut-être gentilhomme. Vous est-il advenu une péripétie ou un exploit qu'il serait bon de connaître ?

— Enlevez d'abord la chaussure qui vous reste au pied, ricana Pollet en reculant devant La Buse, on verra ensuite !

— Monsieur fait des manières, minauda l'apparition. Elle parut réfléchir, puis délaça sa deuxième bottine, un sourire léger aux lèvres.

La Buse s'approcha de Pollet. Celui-ci dégaina un poignard et se fendit en avant. Le pirate para le coup du poing et désarma le corsaire.

— La prochaine fois, tais-toi, gronda La Buse en saisissant le marin à la gorge, avant de le jeter en arrière sur sa chaise.

— Alors, vous commencez ? questionna l'apparition, sa chaussure en main.

— Dès que... dès que j'aurai repris mon souffle, Madame..., fit Pollet écarlate.

BOULOGNE

Pollet, corsaire de Napoléon, pêche au gros

La chaloupe anglaise cinglait sur nous, forçant l'allure sous le vent. Nous étions les seuls survivants de l'assaut. Une salve impeccable, ajustée comme il faut. J'aurais aimé connaître l'artilleur et le féliciter pour son jugé ! Quasiment tout l'équipage de notre mouche avait été décimé. Les voiles pendaient inertes au bout des mâts brisés. Pour nous défendre, rien. Aucun canon, rien ! À peine quelques fusils, et presque pas de munitions. Notre rôle initial se bornait à la surveillance. Nous devions seulement frôler les lignes ennemies et rapporter leurs manœuvres. Les Anglais n'étaient pas idiots, loin de là. C'est pas une barque de pêche, mon gaillard, c'est les Français. Tire dans le tas ! On causera de la marée ensuite.

Et vlan, la salve ! Par le Saint-Vou ! Ils avaient riposté au premier contact, les rougets. C'est sûr, ils ne me décevaient pas. Le gros de leur flotte coursait à présent notre escadron. Il ne restait à la traîne qu'un brick de faible tonnage, bien assez gros toutefois pour nous achever.

— Nous sommes trois et ils sont trente, grommelai-je, pensif. Ça devrait passer.

Lescot, un Lyonnais, je crois, le seul soldat du régiment à avoir résisté à la canonnade, me regarda d'un drôle d'air.

— Vous êtes bien optimiste, capitaine Pollet ! Vous sentez

pas obligé de faire le fier-à-bras pour nous autres! On chie dans nos frocs tout autant que vous, pardi!

— Trente bonhommes, murmura Dunant, soudain verdâtre. Trente bons hommes armés jusqu'aux dents et résolus à nous tuer. Je crois que je vais vomir…

— Ah, c'est pas le moment, Monsieur le carabin! gueulai-je. Si vous vouliez être tranquille, fallait rester à quai, à Boulogne, sur un de ces bateaux plats dont vous aviez la charge!

— Oh, ça va, hein, "Pecqueu de Rougets"! railla Lescot, prenant la défense de l'autre abruti, là. On n'est pas des héros comme vous, nous autres!

Qu'est-ce qu'ils pouvaient m'énerver, ces deux-là, parbleu! On n'était pas dans un salon, que diable! Ça allait chauffer dur pour nos carcasses! J'entendais se rapprocher les aboiements du quartier-maître anglais qui criait sur ses rameurs pour les faire avancer plus vite. Oh, mais, ça n'allait pas se passer comme ça, pas du tout!

— Que Sainte Bigandoulle prie pour vous, mes mignons, qu'êtes bons qu'à couiner comme une portée de souris! Moi, je vais leur jouer une de ces sarabandes, aux rougets! Et une fois à terre, je ne veux plus vous voir sur mon bateau! Plus jamais!

— Y'a pas de mal, hurla à son tour Lescot. Moi, c'est la terre ferme où j'œuvre, pas l'océan. J'suis pas un pêcheur, moi, je sais juste tirer dans le tas, c'est tout. Bon, passez-moi un filet, quelque chose, vite, ils arrivent.

J'étais déjà sur le pont à ramasser toutes les armes que je pouvais trouver.

— Servez-vous, Lescot. C'est pas la cantine de la Grande Armée, ici!

Le grognard pesta dans sa moustache tout en s'emparant d'un seau qui traînait. Il ramassa toute la poudre qu'il put trouver, ainsi que des balles. Les mains chargées des pistolets des soldats morts, je jetai un coup d'œil sur le chirurgien. Livide, les mains crispées au bastingage, il achevait de vomir tripailles et boyaux. Quelle idée de se gaver autant avant de courir la mer? Je vins vers lui, encombré de tous mes pistolets, et m'enquis quand même de sa santé. Je suis bourru, mais j'ai bon cœur. Toutes les femmes vous le diront. Le carabin était déjà un peu moins verdâtre.

— Vous auriez pas un peu de cette bibine que vous cachez dans votre gilet, Pollet ?

— Comment vous savez, fis-je, soudain méfiant.

— Peu importe. Là, il me faut un fortifiant ! J'ai vomi jusqu'à ma bile !

Je lui tendis à contrecœur ma fiole, du dix ans d'âge, si c'est pas malheureux ! Il vida presque la bouteille, me la rendit, un sourire radieux aux lèvres.

— Il est bon. J'en ai bu du tout pareil quand je suis tombé dans le port, l'autre hiver !

— Ah, c'était vous, l'idiot qui est tombé tout habillé du quai, et dont les bottes se sont prises dans les amarres du...

— On m'a poussé, Pollet. Ça vous suffit comme explication ?

Il lui poussait des ergots, au petit coq, ma parole !

— Moi, ce que j'en dis... C'est ce qu'on m'a rapporté...

— Hé bien, on vous aura mal renseigné, rugit-il de rage. Vous pensez peut-être que...

— Hé, moins fort, bon sang ! râla Lescot. Les Anglais vous entendent ! C'est pas le moment de vous chamailler ! Préparez-vous, ils arrivent !

— Les Anglais, Messieurs, j'en fais mon affaire !

La chaloupe heurta notre coque dans un fracas étourdissant. Tout en me disputant avec Dunant, j'avais chargé une douzaine de pistolets. Autant de coups à donner. C'était maigre, face aux trente rougets. Mais, il n'était pas écrit que le vieux Jean-Baptiste se laisserait pêcher comme un hareng par ces drôles ! Du coup, ça me fit monter aux lèvres une chanson que j'avais oubliée :

... Au milieu de la mer...

Et pan ! La première balle pour le quartier-maître, qu'avait une moins belle voix que la mienne. J'enjambai le bastingage.

... Entre Boulogne et Angleterre
Où l'on ne trouve point de terre...

Et vlan! Dans les molaires, mon pistolet déchargé, au premier soldat qui craignait de tirer et choisissait son sabre plutôt que son fusil. Je posai le pied droit sur le pont de la chaloupe.

... Fut pris le corps de Saint Hareng...

Et boum encore! Une autre balle entre les sourcils de ce freluquet qui osait m'asséner sa lame sur le crâne.

Je tenais le pont, ils ne pouvaient pas passer. Ou alors sur mon corps. Impossible pour ceux de l'arrière de la chaloupe de tirer, au risque de blesser le premier rang de rameurs, ceux que nous affrontions.

Lescot, lui, visait soigneusement les soldats et les tirait comme des garennes. Quant à Dunant, sans doute s'était-il réfugié à la cale, en attendant d'être transféré sur un ponton!

Un des Anglais tenta de me surprendre par la droite et de là, de se hisser sur notre bastingage. Par le Saint-Vou, l'imprudent! Je brûlai la cervelle d'un soldat qui m'agrippait la mâchoire et me servis de la crosse du pistolet comme d'une massue. Il s'affala à la renverse au fond de la chaloupe, heurtant au passage deux de ses camarades. Bonne affaire pour le sieur Pollet! J'empoignai alors un autre des pistolets que j'avais coincés entre mon bras gauche et ma poitrine. Une douzaine. En jouant de chance, et avec le concours de mes camarades, s'ils n'étaient pas manchots, on allait en étriper plus d'un, pardi! Zac, les rougets! Fallait savoir les fendre d'un coup, comme ça!

Un hurlement retentit derrière moi. Les Anglais avaient tourné leur chaloupe durant le premier assaut et tentaient de nous prendre à revers. Je me détournai. Dunant, le carabin, les lèvres écumantes, pris d'une véritable frénésie, tailladait à coups de hache d'abordage les bonhommes qui voulaient monter à notre bord! Les cheveux hirsutes, son bras gauche inerte, il faisait voltiger son arme d'une manière si démente que les Anglais reculaient de frayeur. Le cri que j'avais entendu, c'était celui d'un matelot. Le Dunant lui avait proprement coupé la main de sa hache, comme un barbare des temps anciens. Et la main était encore accrochée au bastingage! Par le Saint-Vou!

Tout à ma stupeur, je faillis succomber à la lame qui me frappa le front et me fendis l'arcade sourcilière. Une sacrée estafilade, presque jusqu'à l'oreille! En représailles, le coup de mon pistolet emporta la moitié du visage de mon adversaire. Il tomba à la mer dans un bouillonnement de sang et d'écume. Je sentais sous mes pieds vaciller la chaloupe. Elle tanguait sous le poids des soldats, incertains devant notre défense farouche. Ah, les bougres! Ils croyaient trouver des macchabées à occire et dénichaient des lions!

Lescot, de son côté, bien à l'abri du plat-bord, les alignait un à un sans effort. On aurait dit qu'il s'amusait! Des trente rougets qui nous étaient tombés dessus, il en restait quoi? À peine une dizaine. Sans la mort brutale du quartier-maître, nous n'avions aucune chance. Tôt ou tard, malgré notre résistance insensée, ils nous materaient. Mais, à présent, la panique s'emparait d'eux. Ils flanchaient.

Sans un mot, comme sous un ordre muet, ils refluèrent en masse vers la chaloupe. D'instinct, je me jetai en arrière, à l'abri du bastingage. Lescot et Dunant m'imitèrent. Les Anglais étaient furieux et désemparés. Les balles de leurs fusils se fichaient dans la coque. Ils protégeaient d'un feu nourri leur fuite, à grands renforts d'avirons et de hargne. Fallait-il perdre tant d'hommes pour un misérable cotre? Les survivants avaient déjà tranché et s'éloignaient en direction de leur navire.

Nous avions gagné. Nous avions gagné? Par le Saint-Vou! Je n'y croyais pas moi-même!

— Victoire! hurlai-je en me redressant, un pistolet toujours en main. C'est Pollet, Pollet de Boulogne, Pollet le "pecqueu d'rougets", à qui vous devez cette ébouriffante défaite!

Et je déchargeai, dans une rafale de rires, toutes mes balles une à une en direction de la chaloupe honteuse. J'étais heureux, euphorique!

— Doucement, doucement, Pollet! Calmez-vous un peu ! Vous saignez comme un goret. Laissez-moi voir cette blessure!

— On a gagné, on a gagné, carabin! Non, mais vous vous rendez compte! Trente rougets à nous tout seuls! Trente!

— Parce que vous en doutiez, railla Lescot tout en rechargeant son fusil.

— Un peu, avouai-je en jetant mes pistolets vides sur le pont.

Dunant avait fiché sa hache dans le bastingage et inspectait mon front de son bras encore valide.

— Pas très joli, murmura-t-il. Il va falloir laver la plaie et la désinfecter. Vous avez toujours votre fiole d'eau-de-vie?

— Ah, non, vous n'allez pas recommencer à boire! Ma blessure attendra bien le port, franchement!

— Ah oui, ricana-t-il en levant la tête. Le port. J'oubliais! Vous comptez l'atteindre avant la nuit, avec ça?

Mâts cassés. Voiles déchiquetées. Calme plat. Je souris.

— À peine trente milles marins. Nous sommes trois. Ça devrait passer...

Ah, le beau récit! s'esclaffa la Belle Dame en tapant dans ses mains. Bravo, Maître Pollet! Quelle prestance! Quelle bravoure!

— Ce n'est rien, Madame. Je ne sais si vous me raillez ou êtes sincère, mais en tout cas, l'histoire s'est passée telle que je la rapporte.

— Vous me donnez là un bien mauvais rôle, lança quelqu'un au fond de la salle. Je ne suis pas si peureux que ça!

— D'accord avec vous, mon cher Dunant, répondit Pollet en se détournant, mais, pour qu'un récit soit bon, il faut plusieurs ingrédients, comme dans un plat raffiné. Un héros, un traître, un ladre, un...

— Je vois, fit à nouveau la voix, je ne suis en somme qu'un faire-valoir à la prestance de Monsieur Pollet ! Ah, bravo ! Vraiment ! Tout ça pour les beaux yeux d'une gueuse !

— Mais, pas du tout, je...

— Messieurs, Messieurs, nous nous égarons. Pollet, votre histoire, quel que soit le rôle que vous y avez joué, m'a infiniment plu. Aussi, vais-je me dévêtir encore un peu...

Avec d'infinies précautions, elle délaça le bas de sa robe rubis, laissant entrevoir des promesses suaves et langoureuses sous ses cotillons innombrables. Dans le silence approbateur, une voix fusa :

— Quel spectacle ! Cela me rappelle ma première bourgeoise !

— Vraiment, maître Le Grand ? persifla l'apparition tout en poursuivant sa besogne. D'ailleurs, Le Grand, est-ce là un nom ou un surnom de matamore ?

— Un nom, Belle Dame, un nom. Le mien, que je porte fort à propos, puisque je suis de taille alerte et somme toute fort bien fait de ma personne !

— C'est vous qui l'affirmez, Monsieur, mais nous verrons à votre histoire si cela se vérifie !

— Mon histoire ? Ah, parce que vous voulez vraiment que...

— Pourquoi, sinon, avoir pris la parole ?

Pierre Le Grand demeura perplexe, assis tout contre le mur du bouge.

— Eh bien ! soit, finit-il par répondre. Je vous raconterai donc l'épisode qui me rendit glorieux aux yeux des gens de Dieppe, et peut-être timoré aux vues de mes confrères de la côte !

— Nous verrons, répliqua l'apparition en se calant le dos contre une poutre, les pans de sa robe généreusement entrouverts. Nous verrons.

DIEPPE

Pierre Le Grand, flibustier de son état, s'empare seul d'un bâtiment battant pavillon espagnol

— Quand nous serons à bord, tu couleras la barque. Un point, c'est tout!

Clovis baissa les yeux, surpris par le ton de ma voix. Il avait beau être mon meilleur ami, j'étais son commandant. Il me devait obéissance. Un ordre, ça ne se discute pas. Je savais ce que j'avais à faire. C'était le seul moyen, le seul. Mais il était têtu, le bougre. On avait beau gueuler, le menacer, lui faire miroiter des misères: s'il avait décidé de vous couper la jambe pour étouffer dans l'œuf cette gangrène galopante, eh bien, difficile de lui faire entendre raison. Il était chirurgien du bord, après tout. Toujours du bon côté du manche de la scie.

— Pierre, je te répète qu'on ne peut pas faire ça. Si l'abordage échoue, c'est une mort assurée pour tout le monde!

Je l'empoignai aux épaules, d'un geste rude qui se voulait amical, autant que le pouvait ma patte d'ours sur son col de vilain canard.

— Toi, tu le sais. Moi, je le sais. Mais eux, eux-là, tu crois qu'ils ne vont pas faiblir, comme toutes les autres fois? Des jours qu'on n'a pas à bouffer, des jours, tout ça parce que ces messieurs ont les foies, les foies de risquer leur peau dans l'aventure. Un couteau, ça coupe. Une lame, ça tranche. Un mousquet, ça tue. Si on veut du beurre, il faut battre le lait, c'est tout. Ceux-là, ils croient tous qu'ils vont manger leur pain blanc, qu'on va leur donner leur pain blanc ! Foutreborgne ! Si on veut vivre comme des seigneurs, il faut agir comme des seigneurs ! Je n'ai pas quitté Dieppe, et toi non plus, pour crever ici salement ! Ce bateau-là, c'est notre seule chance ! Après il ne nous restera plus à manger que les cafards et les mollets des matelots. Je vais aller leur parler. Toi, tu viendras en dernier et si tu es vraiment l'ami que je crois, tu couleras cette sale coque où les rats nous voient crever en se pourléchant le poil !

Pierre Le Grand, c'était comme ça qu'on m'appelait avant, et foutredieu je l'avais bien mérité, ce surnom. Plantant Clovis dans l'entrepont, je me redressai juste assez pour ne pas me cogner le front dans les poutres de la cabine et je déboulai comme une déferlante sur le pont, à l'air libre. Nos compagnons, de la “vermine de rafiots” comme je les appelais parfois pour les tancer, contemplaient, fascinés, la coque du navire qui nous frôlait. Un bâtiment majestueux, battant pavillon espagnol, sans doute chargé jusqu'au plat-bord de doublons et de pierreries pour ses majestés catholiques. Il nous doublait par bâbord, sans se soucier de notre présence. Comme un poisson face à une baleine. Nous étions trop petits, une simple barcasse pourrie en train de peiner sur l'océan, presque un cercueil. Même pas certains que les Espagnols aient remarqué notre sillage. Ce ramassis de miséreux, qui formaient notre équipage, regardait le bâtiment médusé, paralysé devant toute cette richesse, cette superbe qui s'étalait et allait disparaître dans quelques instants, comme un mirage. C'était maintenant qu'il fallait agir, maintenant. Les yeux apeurés de mes compagnons d'infortune salivaient pourtant d'envie. Mais ils ne tenteraient rien, je le savais, si on ne les sortait pas à grand renfort de gifles de cette léthargie. Secouant ma grande carcasse au-dessus de la mêlée des marins, je me hissai sur une caisse à moitié pourrie et me mis à les haranguer d'une voix aussi crépitante qu'une salve de mitraille :

— Tudieu, camarades ! Ne mourrez-vous pas de faim ?

Allons-nous le laisser passer, cet énorme cachalot? Comparez l'eau croupie que vous buvez depuis toujours aux vins fins que vous dégusterez bientôt! Songez à la peau de rat que vous dévorez en guise de pain face aux mets précieux que vous mangerez. À la fortune qui sommeille dans les soutes de la baleine, à cet or qui nous supplie de le prendre. Hardis, compagnons! Sus à l'Espagnol! Délaissez vos tâches, séance tenante! La chance passe à portée! Il faut la saisir ou mourir!

Et, pour clore cette harangue, je me saisis d'un cordage et grimpai jusqu'au hunier. De là-haut, j'atteignais à peine la lisse du navire. Pourtant je n'hésitai pas. Je m'élançai, les mains agrippant déjà la coque de ce superbe bâtiment de cinquante-quatre canons. Le choc fut rude, j'avais mal calculé mon saut, j'aurais basculé dans l'océan sans ce cordage providentiel. J'assurai ma prise, le pied sur une bouche de canonnière, avant de me tourner vers mes compagnons pour voir s'ils me suivaient. L'arrière du navire offrait plus de prises. S'ils sautaient maintenant, il leur serait aisé de grimper à bord en prenant appui sur l'arcasse. Mais ils hésitaient encore, les bougres. Vertuborgne, à moi le navire, à moi seul, si aucun n'avait le cran de risquer sa vie! Le coutelas entre les dents, ma paire de pistolets amorcés dans ma ceinture, j'entrepris d'escalader la coque.

D'en bas, je perçus des rumeurs de voix confuses, dont celle de Hyacinthe, le charpentier de bord.

— Allons-nous laisser tout seul Le Grand s'emparer du navire? À la sainte-barbe! À la sainte-barbe, pardieu!

— À la sainte-barbe!

Ce cri rageur et affamé gonfla d'orgueil ma poitrine. Ils suivaient, enfin, secouant autant leur peur que leur misère. Je les imaginai se ruant à notre sainte-barbe, s'emparant chacun d'une paire de pistolets, d'un couteau ou d'un sabre avant de s'aventurer à ma suite.

Juste avant de passer le plat-bord, je risquai un œil en arrière. La barcasse se vidait comme une outre de nos hommes, nains hargneux escaladant la sous-ventrière du géant impassible.

Je ricanai en silence. En dessous, je le sentais, dissimulé dans un renfoncement du pont, Clovis les observait, les comptait, un par un. Vingt-quatre, vingt-cinq, vingt-six. Ça y était, tous partis, enfin! Alors, et seulement à cet instant, quand il serait certain d'être le dernier sur le navire, il sortirait de l'ombre, son sac rempli de ses mauvais instruments de chirurgie en bandoulière et une hache trop lourde pour lui à la main. Sa silhouette malingre sous cette charge le ferait ressembler à un gros chathuant. Les marches craqueraient sous son poids sans se rompre tout à fait. Dans la cale, les brèches de la coque, colmatées avec la vigueur du désespoir par le charpentier du bord, l'attendraient. De l'eau saumâtre jusqu'aux chevilles, il lèverait sa hache plusieurs fois, ahanant sous l'effort, jusqu'à ce que les planches de fortune cèdent, barrage dérisoire aux coups de butoir de l'océan. Alors, l'eau s'engouffrerait et le navire sombrerait avec nos espoirs de retour. De l'avant, toujours de l'avant! Brave Clovis, qui risquait sa vie pour notre fortune!

Tout à mes pensées, je ne remarquai pas les deux soldats espagnols penchés sur le plat-bord, à ma droite. Ils contemplaient notre barcasse d'un air soupçonneux. Plus que je ne le pensais, d'ailleurs, ainsi que le confirma la voix du second à qui ils rapportaient sans doute nos manœuvres d'approche. L'officier semblait désemparé, et son espagnol était suffisamment fluide pour que je puisse saisir l'essentiel de son discours:

— Hay, le capitaine ne veut pas en entendre parler! Vous n'êtes pas les premiers à avoir remarqué ce manège. Par deux fois, je l'ai pressé d'envoyer par le fond ce rafiot, mais lui se contente de battre les cartes comme s'il était dans un de ces salons à Grenade. Hombre, je vous le jure, s'il ne tenait qu'à moi, je coulerais cette fichue barque et on n'en parlerait plus! Nous avons déjà perdu l'escorteur qui devait nous ramener en

Espagne, ainsi que le reste de la flotte, et lui ne parle que de remorquage, d'user le palan pour ceux-ci comme si nous étions en devoir de porter secours aux naufragés! Madre de Dios! Taisez-vous pour l'heure! C'est lui le maître!

Le crachat du second résonna sur le pont comme une injure. Je soupirai de fatigue et de gêne. Ma cachette était illusoire. J'attendais juste mes hommes, en espérant que les marins espagnols s'occupent plus du pont à briquer que de ma personne. Le navire était grand, il y avait de l'ouvrage. Pas le temps de musarder ni de contempler la mer.

Un coup d'œil en arrière m'avertit que la barcasse coulait doucement par l'arrière dans l'océan. Au milieu de l'escouade enragée des matelots, agrippés à la diable sur la coque du bâtiment, j'aperçus même le sac informe du chirurgien qui dodelinait sur le dos de son propriétaire. Nous étions au complet. Dans un rire feutré, j'accueillis alors les premiers hommes qui m'avaient suivi et jetai mes instructions:

— Grange, Sison et Flamant, plus sept autres, avec moi. Les autres à la sainte-barbe, vite! Rendez-vous maître des munitions et des armes.

Parvenus sur le plat-bord du bastingage, nos deux groupes se séparèrent, comme si le Diable nous piquait les fesses avec sa fourche enflammée. Les Espagnols perçurent le mouvement, mais ne purent faire face. Déjà les nôtres envahissaient la sainte-barbe, siège des munitions du bâtiment. De notre côté, nous nous étions rués sur la cabine du capitaine, à l'arrière, bousculant au passage des marins abasourdis par l'attaque soudaine, comme si les haubans nous avaient mis bas.

Le commandant du navire était derrière sa table et taquinait le destin en faisant une réussite. L'irruption de notre troupe le saisit soudain et il resta là, tétanisé de terreur, main levée et carte en l'air, prête à s'abattre. Un neuf de pique, symbole de désastre.

— Monsieur, lui lançai-je, je suis maître de votre navire. Mes hommes ont déjà envahi la sainte-barbe. Rendez-vous sans coup férir et vous aurez la vie sauve.

— Jamais, vous m'entendez, ladrones ! rugit le capitaine en extirpant à demi son épée du fourreau.

Ce fut tout. Mon pistolet déjà se collait à sa gorge.

— Dites à vos hommes de se rendre, votre Seigneurie, ou il vous en cuira !

Sur le pont, les marins tentèrent en vain une faible résistance. Les plus superstitieux criaient au démon. Les plus courageux se faisaient bastonner. D'où surgissaient ces pirates ? Quel détestable enfer les avait vomis sur ce pont ? Un tel châtiment, pour quelle peine ? Nulle part sur l'océan, on ne discernait de bâtiments. Rien, pas la moindre voile. Que faire alors, face à la prise de la sainte-barbe et la reddition contrainte de leur capitaine ? Se rendre. Ce qu'ils firent, la rage à l'âme.

On enferma les prisonniers à fond de cale, destination Saint-Domingue. On trouverait bien là, dans cette île toute proche, un quelconque moyen de s'en débarrasser. Les mains sur la rambarde et les yeux sillonnant le large, je savourais ce triomphe imprévu quand Clovis vint prendre place à mes côtés.

— Et que feras-tu donc, Pierre, de toutes ces richesses du Nouveau Monde accumulées dans les soutes ? J'ai fait hâtivement le tour. Mais il y a là pour une fortune, toute une vie de plaisirs et de joies, de quoi s'offrir une très belle demeure dans notre bonne ville de Dieppe ! Et bien sûr tu vas tout boire…

J'étouffai un rictus. J'y avais songé, peut-être plus que lui.

— Dieu que tu me connais mal, mon ami. Non, je rentre.

— Comment cela ?

— Je rentre au pays, te dis-je. La course s'achève ici. Je ne suis pas assez joueur pour miser à nouveau toute cette fortune si merveilleusement acquise. Je laisse l'aventure à d'autres.

Le chirurgien gratta longuement son menton rugueux de barbe.

— Toute cette fortune… Tu feras école, à n'en pas douter. Les aventuriers vont se presser…

— Ici, il y a plus d'or que ne pourrait en chier un roi s'il mangeait sa couronne ! Chacun sa chance !

Et, pour montrer ma bonne fortune, je portai à mes lèvres la coupe ciselée de cristal de Bohème empli de ce vin plus rouge que le rubis. Le vin du retour et de la victoire.

Avant même que la Belle Dame puisse répondre, un applaudissement retentit dans le silence toujours feutré de la salle.

— J'adore ce récit, s'écria avec ferveur Monbars "l'Exterminateur". Vraiment. Je l'avais déjà entendu de votre bouche, mais j'y prends toujours un infini ravissement.

— Assez, Monbars, nous sommes de la même époque, vous et moi, sourit Le Grand. C'est là tout le récit de ma fortune, récit qui ne peut être comparé à vos coups d'éclat, vous en conviendrez !

— Ah, pardon, mon cher Le Grand, je poursuivais une quête, une vengeance, pour être exact. Cela relevait presque du sacerdoce, de la mission sacrée. La fortune était aléatoire, presque obligée. Mais mon histoire ne possède pas votre panache, elle est d'une autre nature. Comme tout bon joueur, vous avez su arrêter à temps et conserver intact votre bien !

— Mais c'était mon idée, dès le départ, renchérit Le Grand. De petite extraction, je voulais parvenir à la richesse et à la reconnaissance des gens de ma ville ! Et j'y suis parvenu ! Je suis devenu l'homme le plus fortuné de mon temps. Un bon bourgeois, respecté et craint.

— J'aimerais, risqua l'apparition entre deux réparties.

— Oui, vous avez fort bien réussi dans votre entreprise, reconnut "l'Exterminateur". Ah, la prise de ce galion...

— J'aimerais, Messieurs, insista en vain l'apparition.

— Oh, ce n'était rien qu'un peu de chance, reconnaissez-le...

— Non, non, loin de moi cette idée. S'il faut de la chance, il faut aussi du talent...

— Messieurs ! tonna soudain la Belle Dame. Vous m'oubliez !

Assis à une table, Monbars se détourna et contempla l'apparition.

— Certes. Et alors ? La beauté, quoi que vous pensiez, n'est pas tout !

— Un peu de respect, sale trogne ! jura Surcouf, en s'approchant, la lame à la main.

— Oh, vous, fumez vos cigares puants ailleurs ! Vous n'êtes pas son valet de pied, que je sache !

— Ça, tu vas le payer, canaille !

Le corsaire s'élança sur Monbars, qui bascula aussitôt de sa chaise et, après une cabriole, retomba sur ses pieds, sabre en main.

— Cela suffit, Monsieur Surcouf ! cria l'apparition.

Les duellistes se figèrent.

— Je voulais juste achever mon travail, murmura le corsaire en exhalant la fumée de son cigare comme un démon.

— Il n'est pas question de se battre ici. Vous me troublez, tous tant que vous en êtes. Je voulais me dévêtir pour l'histoire de Maître Le Grand, mais votre ardeur guerrière m'a refroidie. Pour vous punir, Monsieur Surcouf, je laisserai donc la parole à votre ennemi, ce Monbars que vous méprisez tant.

— À la bonne heure, ricana Monbars, j'ai là quelque conte qui vous fera frémir l'échine, ma douce !

— Contez votre histoire, Monsieur, nous aviserons ensuite !

LE HAVRE

Un abordage sanglant du forban Monbars, surnommé “l’Exterminateur”

Comme dans un cauchemar, le couteau sanglant et le regard dément, des Indiens presque nus avaient déferlé sur le pont du navire. Cheveux ruisselant d’eau, pagnes trempés, ils avaient escaladé la coque du bâtiment avant de surprendre l’équipage, le massacrant sans vergogne. Le restant de la troupe, en retrait jusqu’au dernier moment, avait achevé la boucherie. Pas de quartier. C’est comme cela que l’Espagnol m’était sympathique. Ceux qui tentaient de se rendre, les blessés, voire les morts, étaient jetés par-dessus bord, sans exception de rang ou d’âge. Ils étaient espagnols, cela suffisait.

Quand le pont ennemi fut dégagé, je fis signe à la troupe de se rapprocher de moi. À force de parades et de retraites, j’avais acculé l’unique survivant, le capitaine du galion, au bastingage et il perdait du sang d’une estafilade à l’épaule. L’un de ses bras pendait, inerte. L’autre serrait tant la garde de son épée que les jointures de sa main étaient immaculées.

— Monsieur, je vais vous tuer, murmurai-je d’un ton détaché qui, je le savais, tranchait avec mon visage en lame de couteau.

— Et pourquoi donc, Monsieur, que vous ai-je fait, grasseya l’Espagnol dans un français de pacotille. Vous possédez déjà ce navire, la bataille est achevée, je suis votre prisonnier. Pourquoi voudriez-vous me tuer, dans ces conditions ?

Je toisai le capitaine. Il m'amusait. Il ne savait pas encore qui j'étais, le pauvre, entre les mains de qui il était tombé. Un pirate, mes seigneurs, un jeune homme à la taille altière, au teint mat, beau en dépit d'une épaisse toison de sourcils qui fendait sa face en deux et qui, malgré son âge, n'hésitait guère à trucider les mécréants de cette espèce.

— Je vais vous tuer à cause, Monsieur, du mal que vous avez commis envers le peuple indien, dont certains des hommes qui m'entourent sont les dignes représentants. Vous allez payer pour tous ceux que je ne peux punir et qui mourront symboliquement à travers vous.

— Mais pourquoi, je ne comprends pas, ce ne sont que des Indiens ! Vous agissez comme si vous étiez... Monbars, Monbars l'Exterminateur !

Je m'inclinai avec grâce. Dieu merci, il m'avait reconnu !

— Pour vous servir, Monsieur. Et si vous connaissez mon nom, vous connaissez ma cause !

La sueur perla soudain comme du sang au front de l'Espagnol.

— Mais, Monsieur, c'est d'une sauvagerie inouïe. Même si l'armée espagnole de Cortès a martyrisé les Indiens, tout ceci appartient au passé. Au passé, m'entendez-vous ? Et quand bien même...

— Et ces malheureux qui meurent encore dans vos mines d'argent ? Qu'en faites-vous donc ? Tous les crimes perpétrés par les siècles passés ne seraient donc que du vent ? Sachez que je suis pénétré des idées de Bartolomé de Las Casas, dont j'ai longtemps étudié les œuvres au collège. Cet homme m'a insufflé la voie que je me suis tracé, venger les ravages de vos gens. Ma rage est telle — imaginez un peu, Monsieur — que j'ai même autrefois failli trucider un de mes compagnons qui avait osé se travestir en Espagnol. En Espagnol, vraiment ! N'est-ce pas risible ? Mais, sachez-le, Monsieur, rien ne s'oublie. Ce n'est pas parce que les siècles se sont amassés sur un squelette que la mort ne l'a pas frappé un jour. Recommandez votre âme à Dieu, s'il existe un paradis pour les faquins de votre sorte.

La pointe de mon épée tendue vers l'Espagnol, je me mis en garde. Le capitaine recula de frayeur jusqu'à s'adosser au bastingage. Autour de nous, même le silence s'était tu. La mer refermait son suaire sur le spectre des marins noyés. Y compris sur celui de mon oncle, paix à son âme, lui qui m'avait pourtant tout appris de la mer. Que lui était-il passé par l'esprit quand il m'avait enrôlé sur ce corsaire en partance du Havre ? Pourquoi diantre débaucher son neveu, alors que, né en Gascogne, je ne connaissais rien aux choses marines. Pourquoi avait-il péri dans l'assaut, avec toute son expérience, et moi non, qui guettait pourtant depuis longtemps cet honneur de sombrer avec son bâtiment. Le bateau de mon oncle avait éperonné sans le vouloir le premier des quatre navires de la flotte espagnole avant d'achever sa course dans la coque d'un autre, par le tribord. Tous trois gisaient désormais par le fond. Seule ma propre nef avait survécu, coulant le troisième bâtiment par la force de ses canons. Mes hommes, flibustiers aguerris, Indiens bannis et boucaniers sauvés de l'exil, s'étaient emparés du quatrième vaisseau, celui-là même où nous nous trouvions. Une aubaine. Avec cette prise, ces deux navires puissamment armés, je comptais écumer la mer des Antilles à la poursuite de ces chiens d'Espagnols, dont la vue même me faisait frémir de dégoût.

Autour de moi, l'équipage attendait, impassible, que j'achève la curée. Je m'approchai, la lame tendue en avant, le cœur battant à tout rompre. Seule la voix du timonier du bord, un ancien lieutenant de la Royale, fin pilote et ami intime de mon oncle de pirate, me retint au tout dernier instant :

— Monsieur, tempérez votre ardeur. Vos hommes se sont bien battus et aspirent à un peu de repos. Rien ne sert de les retenir. Nous avons là toutes les richesses que nous désirons. Faisons escale.

Sans cesser de fixer mon adversaire, je hochai doucement la tête.

— Mes amis ! lançai-je d'une voix sifflante et rauque. Vous avez bien travaillé ! Voici toute la cargaison de ce navire en nos mains ! Pour vous, c'est une gloire. Pour moi, un bienfait de plus !

Car que m'importe l'or? Seul compte l'extermination de ce peuple honni de Dieu, de ces Espagnols qui se crurent l'instrument de la justice divine et décimèrent la race indienne en son saint nom! Mes amis! Partagez-vous l'or et la soie et les pierreries et les habits précieux! Faisons voile vers La Tortue! Que notre pavillon flottant sur ce navire soit le vivant symbole de la haine que je porte aux Espagnols!

Un rugissement vainqueur s'éleva de l'assemblée. Tous les hommes se ruèrent vers les cales, les soutes et les cabines, cherchant l'or tels des chiens du gibier. Leurs râles de triomphe me firent frissonner l'échine.

Devant moi, le capitaine espagnol tomba à genoux, les yeux fermés, geignant des prières obscures du bout des lèvres. Je réprimai mal un rictus de dégoût et du bout de ma lame je lui tailladai le lobe de l'oreille droite. Il fallait bien commencer quelque part.

Ne vous avais-je pas prévenu que cette ordure était en plus un boucher? hurla Surcouf avant même que Monbars eût achevé son récit.

La Belle Dame avait pâli.

— Mon Dieu, mais quelle sorte de monstre êtes-vous donc? Ce n'est pas possible, c'est inhumain...

— Oh, vous jouez les effarouchées? Vraiment? Mais, belle apparition, il fallait rester aux cieux, dans ce cas? On ne vous avait pas prévenu? Vous êtes ici aux enfers marins, avec la pire racaille qui soit! Et ce Monsieur Surcouf, qui joue les Pères La Vertu, n'a-t-il donc rien à se reprocher? N'a-t-il donc pas trafiqué de l'esclave?

— Allons donc, beau parleur, se moqua le corsaire, c'était chose courante! Le "Bois d'ébène" se monnayait comme les épices ou le vin, ni plus ni moins.

— Mais c'était des hommes, tout comme vous ou moi! s'insurgea Monbars en s'avançant vers Surcouf. Des hommes, vous m'entendez?

La lame siffla dans l'air et manqua de peu le corsaire qui, d'instinct, rompit la mesure. Les deux hommes se toisèrent de part et d'autre des sabres.

— Je vais vous tuer, Monsieur, gronda Monbars.

— Ça m'étonnerait fort, railla Surcouf. Je le suis déjà.

Secouant sa torpeur, l'assemblée s'ébroua un peu. Le charme manquait de se rompre. L'apparition s'en aperçut.

— Maître Fleury, lança-t-elle, vous êtes un sage, intervenez !

— Et comment le ferais-je, répliqua le corsaire d'un ton guilleret. Ces deux bougres ont bien l'air de s'entendre !

— Racontez-moi quelque chose, alors. N'importe quoi ! Mais faites cesser ce drame !

— N'importe quoi, dites-vous ? Hum, je veux bien essayer…

HONFLEUR

Discussion autour d'une prise entre l'armateur Ango et le corsaire Fleury

La lame du fleuret m'érafla la joue droite. J'esquivai en feintant.

— Tu es donc parti le 15 de Honfleur, c'est cela?

— Le 15, oui, fis-je en soufflant comme un bœuf.

Mon agresseur tenait haut sa rapière, un sourire aux lèvres. De son autre main, il portait à ses lèvres un mouchoir de dentelle parfumé.

— Mais le 15 de quel mois, de quelle année? Tu n'as pas précisé, mon bon Fleury...

— Écoute, Jean, tu ne vas tout de même pas m'interrompre à chaque instant. Tu sais bien quelle année nous sommes, parbleu!

Pour toute réponse, sa lame siffla dans les airs et s'abattit sur mon épaule, traçant un mince sillon sanglant dans la doublure de mon habit.

— Je veux te l'entendre dire, mon doux corsaire...

L'affreux vautour que ce Jean Ango! Et penser que ce diable d'homme était mon ami et mon commanditaire! Un armateur hors pair, richissime, inquiétant. Fin stratège et fin connaisseur d'intrigues. Les rois lui mangeaient dans la main et les princes lustraient ses chausses.

— Le 15 mai de l'an de grâce 1523. Tu es content? grondai-je en portant l'estocade.

— On ne peut plus, ricana Ango en se jetant en arrière. Et qui t'accompagnait? Allez, fais ton rapport!

— Je ne suis pas ton esclave ni ton chien, hurlai-je la pointe de mon épée en avant.

Je manquai de peu la hanche droite de l'armateur qui, aussi fuyant qu'une anguille, me tournait autour. Du fleuret, il me tâtait les côtes, le bougre!

— Allons, allons, au rapport, mon bon Fleury, au rapport! Tu traînes, tu es lent aujourd'hui. Tu manges trop, pardi!

— Vu le régime qu'on a en mer, pas étonnant que je m'empiffre! Tu me gaves à loisir!

— Ah, Fleury, il faut résister aux tentations de ce monde! couina de rire l'armateur.

Il virevolta sur lui-même et cingla mon ventre d'un revers de son fleuret. Ma chemise se déchira net, laissant une zébrure rougeâtre apparaître. Je blêmis, plus de rage que de douleur.

— Quatre galions avec moi, articulai-je avec difficulté. "La Romaine", de Sylvestre Bille, "La Marie" de Jean Fain, "La Pucelle" de Pierre Mandres et "L'Horion" de Jacquelin. Nous croisions au large des Açores que nous avions rejoints vers le...

— Cela, je le sais, mon gros. Mais le trésor que ces trois caravelles espagnoles que tu as arraisonnées protégeaient? Comment savais-tu que c'était là le trésor de Guatimozin, que Cortès avait ravi à l'empereur des Incas?

J'esquissai un mouvement d'épaules badin, un geste de modestie feinte. Ango en profita pour me fouetter la hanche du plat de sa lame.

— Alors, comment savais-tu?

— Vraiment, je ne peux...

— C'est Guillermo, c'est ça, questionna Ango en fronçant les sourcils. L'homme que j'ai placé il y a peu dans l'entourage de Charles Quint. Ne joue pas les ânes bâtés, s'écria-t-il encore devant mon silence forcené, tu sais que cela m'agace! Ce n'est pas ta valeur que je mets en cause, nullement. Mais le fait demeure. Guillermo t'a renseigné en même temps que l'Empereur sur ce convoi embarqué au port de Veracruz à destination de l'Espagne.

— Oui-da, et alors? fis-je en m'avançant vers lui, la lame levée. J'étais prêt à lui triturer les boyaux tant ses airs supérieurs m'agaçaient. C'est bien moi qui l'ai arraisonnée, cette cargaison, non?

La pointe de mon épée visait sa tête. Par quel sortilège extirpa-t-il de sa manche cette dague minuscule pour parer mon coup, mystère. Du poing, il me rejeta en arrière tout en éclatant de rire. Les murs de son hôtel particulier résonnèrent longuement de sa voix stridente.

— Sais-tu que l'Empereur donnera toute sa fortune pour connaître le traître? Et plus encore pour capturer celui qui l'a volé?

— Je vaux si cher que cela? m'exclamai-je, en me portant à nouveau contre lui, ma rapière dressée.

— Bien plus que tu ne penses! répliqua-t-il en ferrant ma lame sur le côté avant de m'enlever un bout de lard de la pointe de sa dague. Ah, ces cales emplies jusqu'au sabord des trésors volés aux Indiens par Cortès! J'imagine la figure de l'Empereur ainsi dépouillé de cette fortune! Lui qui attendait avec impatience ces galions en vue de financer une guerre imminente...

Sans répondre, je me baissai pour lancer ma jambe en avant afin de le faucher. Un coup pervers que m'avait enseigné un maître d'armes espagnol, il y a fort longtemps. Mais Ango connaissait la botte, qu'il esquiva aisément en faisant un léger saut de côté.

— Raté, mon gros. Celle-là, c'est moi qui te l'ai apprise.

— Que nenni, je la tiens d'un autre. Et celle-ci, tu connais?

Et je relevai mon bras pour le désarmer en un mouvement tournant. Ango para encore une fois le coup et envoya dinguer ma rapière le long d'une colonne armoriée, à l'autre bout de la salle. J'étais désarmé face à mon ami et maître. Il jubilait.

— Allez, décris-moi ton trésor. Tu dois bien t'en souvenir, non? Tu l'as admiré avant moi?

Si je m'en souvenais ? Mordious ! Les images jaillissaient dans mon crâne comme autant de feux follets. Je revivais la prise. Je percevais jusqu'à son odeur. De chaque perle, de chaque poignard, de chaque plat d'argent, de chaque pièce d'or, s'élevait encore ce fumet subtil de sang et d'aventure, de massacre et de joie. Je ne pouvais m'arrêter tant ma langue me faisait mal, bondissant sans cesse d'un trésor à un autre :

— De la vaisselle d'or et d'argent débordant de coffres ouvragés, vases, plats, écuelles, gobelets et j'en passe. Des bijoux en nombre, autant pour les hommes que pour les femmes, des boucles d'oreilles ciselées, des colliers précieux, des anneaux luisants… J'ai vu aussi une émeraude d'une pureté incroyable, plus légère que la plume et si large qu'elle s'étalait sur toute la paume de ma main. Des idoles aux yeux de jade, des masques funéraires, même un brasero en terre cuite incrusté de pierres pré…

On frappa à la porte. Nous tournâmes tous deux la tête, surpris. Ango, qui partageait en esprit un peu de ma fièvre, cessa de tapoter sa lame sur son gantelet de cuir.

— Qu'est-ce que c'est ?

Un messager s'avança, porteur d'une missive cachetée au sceau du roi. Ango s'en saisit, brisa le sceau et lut. Un sourire s'étira sur son visage. Je baillais.

— De bonnes nouvelles ?

— Excellentes, excellentes, mon bon Fleury. On y parle de toi, et de tes exploits justement.

Il se détourna, posa la lettre sur la table.

— Passons sur le trésor. J'en verrai l'inventaire au calme. Rapporte-moi juste la prise des galions ? Quel armement possédaient ces navires ? L'Espagnol était-il en nombre ? Y a-t-il eu des pertes dans nos rangs ? Et combien ? Et nos bâtiments ? Des avaries sur nos bâtiments ? Parle-moi de ces choses et épargne les détails, je te prie.

Sans un mot, je me dirigeai vers une table où trônaient une carafe de vin et deux verres de cristal. Je bus lentement, autant pour réfléchir que pour récupérer de mes blessures. Jamais, jusqu'à peu, je n'avais rencontré un tel homme aimant à ce point l'escrime! Je m'éclaircis la gorge, bus encore une gorgée de son vin clairet et trop épicé à mon goût.

— Nous les guettions tout près du port où elles devaient faire escale. De fait, elles ne se méfiaient pas. Nous défîmes facilement le faible escorteur qu'on leur avait attribué, plus pour apaiser leur crainte que pour les défendre. Non, le plus drôle, dans tout cela, c'est qu'il n'y ait pas eu plus de résistance.

— Comment cela? fit Ango. Il s'était attablé à son bureau, afin de rédiger la réponse qu'il destinait à la missive royale.

Sans lui répondre, je posai le verre sur la table. D'une des poches de mon gilet, j'extirpai une pipe en terre ainsi qu'une blague à tabac.

— Alors? murmura Ango en levant les yeux. J'attends.

— Hé bien, il y avait sur les caravelles, outre le trésor dont j'ai parlé...

— Oui?

— ...Un couple de jaguars, mâle et femelle. Des jaguars, vraiment. Tu sais, ces animaux sauvages qu'on trouve aux Amériques...

— Des fauves, dis-tu? s'étonna Ango en se renversant sur son fauteuil. Peste, qu'est-ce que ce sacré Charles pouvait bien faire de cet envoi? Un manant qui pensait s'attirer ainsi ses grâces?

Tout en parlant, je reculai jusqu'à l'endroit où était tombée ma rapière.

— Je n'en sais foutre rien. Mais voilà le plus beau, et, je dois l'avouer, la cause du peu de résistance de l'équipage! Figure-toi que les barreaux de la cage étaient mal ficelés. Un peu de gîte. Voilà les félins à bord, affamés, qui plus est !

J'eus à peine le temps de me baisser pour saisir mon épée que déjà Ango était sur moi. Morbleu! Voilà que cela le reprenait! Il me botta les fesses dans un grand rire et je basculai, tête en avant, sur le carrelage. Dieu merci, j'avais encore l'épée en main. À peine sur le ventre, je glissai sur le dos pour parer la lame qu'Ango destinait à mon corps. Dans la cohue soudaine, ma pipe était tombée à terre et s'était fracassée.

— Du si bon pétun, marmonnai-je tandis que l'armateur sautillait d'un pied sur l'autre, attendait que je me relève.

— Je ne crois pas un traître mot de ton histoire, fit-il au bout de quelques instants. Des jaguars ?

— Exactement, repris-je en m'époussetant. Tu ne devineras jamais les ravages qu'ils ont causés ! Deux morts et huit hommes méchamment blessés avant que le fauve ne saute de dépit par-dessus bord. Que dis-tu de cela, parbleu ?

Je me jetai en avant, tout en poursuivant mon discours. Nos lames se choquèrent.

— La femelle fut lardée de flèches en retour mais la peur était sur l'équipage. Et là, j'y vois la main de la providence !

— Pas tant que moi, mon gros ! Poursuis ton idée, allez !

— Et ta lettre, Ango ? Qui va répondre au roi ?

L'armateur haussa les épaules. Nos lames n'arrivaient pas à se disjoindre.

— Tout ça s'écrit tout seul. Un coup de plume ou deux, c'est bâclé. Alors, que disais-tu ?

— Quand l'équipage tremble, mon ami, un canon en vaut dix ! Gloire au jaguar et que les Espagnols en rapportent beaucoup !

— J'irai presque jusqu'à graver l'animal sur mes armes, en remerciement... Et ce combat ?

Je me rejetai en arrière, pour mieux le feinter sur sa droite.

— Épique, je te passe les détails. Tu n'en veux pas !

Il rompit, se déporta sur la gauche et lança sa lame en avant.

— S'il te plaît...

— Hum..., esquivai-je difficilement, reculant pour reprendre mon souffle. Le combat s'est bien déroulé, hormis une caravelle qui a pris le large au lieu de la direction du port comme nous le voulions. Les deux autres, nous les avons tout simplement cueillis comme des fruits mûrs ! Arraisonnés sans mal aucun. À cinq, penses-tu donc, ils ont vite compris qui étaient les maîtres ! Voici donc deux beaux vaisseaux de plus pour ta flotte, mon Jean. Et une richesse que t'envie Charles Quint soi-même!

— Et le Roi de France, conclut Ango en se signant de l'épée. Assez jouté, je dois sceller ma réponse, hélas. Les puissants n'attendent pas.

— Ils n'aiment pas surtout qu'on leur fasse ombrage.

Il rumina un temps mes sombres propos, sans bouger, l'épée toujours en main, avant de s'asseoir à son bureau. Ma joue saignait plus que de mesure. De la tête, il me désigna un paquet de linges, posé près d'une cuvette d'eau. Je me nettoyai le visage.

— Tu reprends la mer?

Pas besoin de le regarder pour comprendre. Dans sa voix, c'était plus un ordre qu'une question anodine.

— Sous deux jours, répondis-je. Je vais m'en aller tendre une embuscade dans un de mes coins favoris, le cap Saint-Vincent. Beaucoup d'Espagnols y patrouillent. On va s'amuser, pardi!

— Méfie-toi tout de même. Charles Quint est furieux. Il a décrété notre mort à tous, particulièrement la tienne!

— La mienne? Vraiment? La mort de Jean Fleury, corsaire au service de Monsieur Jean Ango, armateur de son état. Il est fou, le Charles, complètement toqué! Il ne sait pas la roustée qu'il va encaisser, ce beau diable!

Ango secoua la tête d'un air désolé.

— Ne fais pas le faraud, Fleury. On coupe peut-être déjà l'arbre qui sera ton gibet!

Je me redressai, la bouche largement ouverte, les dents en avant, comme pour mordre.

— Que m'importe le gibet que l'on dresse sur ma tête, comme tu dis! Si je craignais l'aventure, je resterais tapi dans la plus profonde taverne. La vraie vie est sur le pont de mon navire, parmi mes hommes, dans les cris hurlés des haubans et la sueur des braves! Je ne pourrai jamais rester comme toi, embusqué derrière tes lettres et tes cartes marines.

Il ne répondit rien. Il n'y avait peut-être rien à répondre. Nous jouions tous deux une comédie sempiternelle, deux rôles écrits spécialement pour nous. Deux rôles immuables.

Un messager entra soudain, sans frapper.

— Monsieur, c'est...

— Donne, cracha presque Ango.

Il déchira le sceau et lut d'une traite, sans s'arrêter.

— Tu as vu ? fit-il.

— Quoi ?

— On vient de capturer Jean Fain, au large du Portugal. La "Marie" est prise.

— Bougre de vergue, jurai-je entre mes dents. Si les Portugais s'en mêlent, à présent ! Je les croyais honnêtes...

— Jean, jeta Ango, m'appelant pour la première fois par mon prénom. Tu abandonnes immédiatement tous tes projets. Tu pars sur l'heure pour les côtes d'Espagne. Longe aussi celles de l'Afrique. Le premier navire battant pavillon espagnol ou portugais, tu me le coules. Sans avertissement. Pour l'exemple. Ah, ils apprendront qu'on ne se moque pas impunément d'Ango, ces ladres-là !

Et le poing de l'armateur s'abattit d'un coup sur la table, comme une cloche dans une chapelle en flamme.

L'apparition écarquilla les yeux :

— Mais enfin, Maître Fleury, c'est insensé ! s'emporta-t-elle soudain. On ne règle pas ainsi des affaires privées, l'épée à la place de la langue !

— Peut-être ai-je enjolivé mon récit, j'en conviens, admit malicieusement le corsaire. Mais Ango était un satané bougre. Il attaquait parfois en traître. Et ses bottes étaient sournoisement fameuses, crédié ! Tenez, je repense à ce jour où il a bien failli me trancher la...

Mais l'apparition n'écoutait plus. La mine grave, sans se soucier davantage du corsaire, elle reboutonna à la hâte le bas de sa robe écarlate. Fleury s'en aperçut au moment même où il entamait un nouveau récit.

— Ah, vous le prenez ainsi, Madame, s'empourpra-t-il en la voyant. Mon temps de parole est achevé, c'est cela, et mon histoire vous a grandement déplu ! Eh bien, rugit-il en se levant et en désignant l'assemblée, vous n'avez qu'à demander à un autre ! Vous avez le choix, il me semble ! Essayez Angenard, tiens ! Vous comprendrez vite que mon récit n'était pas si fade qu'il y paraît !

— Angenard ? s'étonna la Belle Dame en relevant la tête, sa robe boutonnée jusqu'à la taille. Lequel est-ce ? Où est-il donc attablé dans cette taverne ?

— Celui-là, là-bas.

Du doigt, Fleury désigna un pauvre hère recroquevillé sur une table, dans un coin. Un tas de feuilles poussiéreuses était posé devant lui.

— Hé, Angenard ! Arrête un peu d'écrire tes mémoires et intéresse-toi à ce qui passe !

Angenard, qui griffonnait sur un mauvais parchemin avec une plume déjà sèche, leva la tête. Il semblait usé, aussi pâle qu'une bougie qui s'éteint, les yeux rougis par manque de lumière.

— Que me veux-tu, Fleury ? Pourquoi me déranges-tu ? N'y a-t-il pas assez d'agitation comme cela, sans que je doive m'en mêler ?

— La Belle Dame, ici présente, voudrait t'entendre parler de tes exploits !

— Mes exploits, maugréa Angenard, ils sont là, tout entiers !

Et de la plume, il désigna le tas de feuillets jaunis devant lui.

— Et là aussi, ajouta-t-il en se touchant la tête et en s'humectant les lèvres...

CHERBOURG

Angenard, en pleine écriture de ses mémoires de vieux gentilhomme des mers

Le suif qu'ils utilisaient là, pour faire leurs mauvaises chandelles, ça crachait plus de fumée que de lumière. À force de m'user les yeux à cette maudite flammèche, jamais les "mémoires" que j'écrivais, les miennes, pas celles d'un autre, celle de Guillaume-Marie Angenard, vous m'entendez, ne verraient le jour. Je sentais comme une sueur glacée sur mon corps, mon corps qui se vidait de sa vie comme une outre percée de son eau. Une suée soudaine me voila le regard. J'avais chaud en dedans, et pourtant ce mois de janvier 1833 s'annonçait plus froid que la poignée de main du Diable. Je me gelais, je n'arrivais même pas à tenir la plume. Elle m'échappa, roula sur le papier, le criblant de taches d'encre. Secoué de frissons, je rajustai avec peine de mes doigts gourds la couverture usée que j'avais jetée sur mes épaules. Doux Jésus, que j'avais froid. Mon sang se figeait dans mes veines. Seuls les mots tracés lentement sur le papier me réchauffaient un peu. Toute une vie d'aventures, de revers de fortune et d'ennuis sans nombre gisait là, dans ce tas de feuillets épars que je n'arrivais pas à finir. Je peinais depuis l'automne à écrire, mangeant peu et buvant trop. Toute ma maigre solde s'évaporait à la fumée des bougies de suif et aux entrelacs de l'encre.

Je relus ce que je venais d'écrire, frottai mes yeux fatigués d'avoir tant vu. J'avais sillonné les mers du monde. Prisonnier en Angleterre, en Afrique, en Chine, chaque fois évadé. Des parcelles des pays traversés s'accrochaient encore à mes cils, comme des promesses de départ en lambeaux. La nuit, mes rêves jusqu'à la nausée me jetaient d'un coin à un autre du globe. J'avais peur, peur de mourir sans mémoire, peur de ne plus me souvenir, peur que ces mêmes souvenirs ne me fassent passer pour fou, excentrique, affabulateur. Fadaises! Mais cela n'aurait pas été la première fois, loin s'en faut. Tout au long de ma chiche existence on m'avait tant frappé, enfermé, ligoté comme dément, que j'y étais pour ainsi dire habitué. Ma raison, plus que celle de mes geôliers, scintillait comme la lune dans le firmament de mon esprit. C'était la vieillesse, la cause de tout. La vieillesse et le besoin de se confier, d'être compris, enfin entendu, peut-être admiré. Je parlais à des inconnus de passage, croisés dans les bouges du port, au tournant d'un bock, ou encore rencontrés sur le pont douteux de navires de commerce dont je ne voulais pas me souvenir. Ma destinée se mourait avant ma vie. Personne ne voulait croire que cette pauvre loque qui les assommait de paroles ait pu vivre et supporter autant d'infortunes. Comme si le ciel appâtait ce Malouin, né en 1776, pour ainsi dire dans les temps anciens, avec des richesses illusoires pour mieux le railler de sa misère soudaine.

Pourtant le premier embarquement de Monsieur Angenard datait de 1790, comme mousse sur un trois-mâts en partance pour la colonie française de Pondichéry, en Inde. Il avait définitivement renoncé à la carrière des armes sur les quais de Cherbourg, le 4 avril 1814, la paix étant tout juste proclamée, pour se réfugier dans son pays natal. Ce jour-là, il avait compris que sa vie, comme un bâtiment sans pilote, s'était drossée contre les rivages malsains de l'Histoire. Son temps était achevé. Entre ces deux dates, la somme de ses aventures tragiques équivalait au néant. Il s'était résolu alors à rédiger ses mémoires, dénouant patiemment le fil embrouillé de son existence pour mieux l'écrire.

Je souris amèrement. Voilà que je parlais de moi comme d'un autre. Je n'avais pas besoin de perdre la tête. Vraiment pas.

Mais à force de recevoir des coups, peut-être que ça travaillait là-dedans, crâne à mettre au rebut. Rien que la liste de mes blessures suffisait à remplir mon livre. Ma tête la première, si bien fêlée à coups de crosse par ces chiens d'Anglais dans leurs infâmes prisons flottantes, les pontons. Rien que de le prononcer, ce nom, j'en frémissais. Ah, il y avait aussi ma mâchoire où toutes les dents du côté gauche manquaient. Mon estomac, toujours chancelant depuis une rossée légendaire des geôliers des pontons, parbleu encore eux. Et puis ma jambe gauche, trouée d'un coup de mousquet. Restait mon flanc droit, entaillé gravement par une éclisse. Mon dos, aux chairs à vif. Une histoire sordide. Les Anglais, tellement enragés, tellement épuisés de mes tentatives d'évasion, m'avaient, c'est insensé, poissé au pont avec un mélange de résine. Impossible de bouger. Tout ça, c'était bel et bon, mais pour me relever de là, comment ils avaient fait les compagnons ? Hein ? Ben, ils avaient tiré, et tiré fort. Si fort que la peau du dos était restée là, sur le pont. Comme je vous dis. Moi d'un côté et ma peau de l'autre.

Qu'est-ce qui me restait, encore, comme blessures spectaculaires ? Ah oui, l'épaule gauche, je n'y pensais plus ! Percée de part en part lors d'un abordage par une décharge de biscayen, une sorte de gros mousquet. Le chirurgien avait extirpé de la blessure à vif, béante, des éclats de mitraille, avant de soigner tout ça à grand renfort de neige pilée et de glace pour éviter l'amputation. C'était l'hiver, heureusement. Cinq mois de ce traitement. Atroce. Ça m'avait déchiqueté l'âme autant que le corps. Il y avait des soirs où je me demandais si j'étais encore un homme, après toutes ces souffrances ? Des fois, je pensais "oui", des fois "non". En tout cas, était-ce de crever à petit feu, comme ça, que j'imaginais que les autres allaient me plaindre, peut-être enfin m'aimer ? Allons, c'était bien mal connaître le cœur des hommes qui est pire que poix et braises. Seul le papier voulait encore m'écouter radoter mes fadaises. Alors j'écrivais, j'écrivais, et ma saga s'allongeait d'épisodes disparates et grandioses. Mais tous vécus, attention, tous vécus, un à un. Tous supportés ! Des scènes aussi réelles que ces bouteilles de mon invention, truffées jusqu'à la gueule de poudre à canon. Une mèche trempait dans la mixture, calée avec un peu de cire, et allez, zou! y'avait plus qu'à expédier dans la voilure anglaise, avec le bonjour de Napoléon! Ah, ça, ça faisait de beaux bûchers!

Ma main tremblait de plus en plus, j'avais froid, pourquoi j'avais froid? La chandelle crachotait. Je feuilletais à la hâte, de peur qu'elle ne s'éteigne trop vite, les pages déjà écrites posées près de moi. C'était ça, oui, oui, parfaitement ça. Toute ma vie. Ça me plaisait bien, ça me rappelait des choses. Et Monsieur Angenard qui se tracassait, qui avait peur de tout oublier, de ne plus savoir dater son premier crime de sa dernière cuite. Je me souvenais de tout. De tout. Tout était là. Tous les épisodes où la mort m'avait taquiné l'échine de sa faux avant de me rejeter. De me forcer à vivre, avec toutes mes faiblesses et mes malheurs. Bon Dieu, je me souvenais même encore de tous ces visages croisés à la charnière des destins. Les yeux effarés d'un maître-charpentier qui avait servi de dîner aux requins alors qu'on s'enfuyait tous deux à la nage, au large de Madagascar, pour échapper à l'ennemi. La langue presque bleuâtre de ce geôlier anglais. Un ivrogne qui avait joué les noyés sur la promesse d'une barrique de liqueur. J'avais bien cru ne jamais pouvoir le sauver tant le courant était fort dans le chenal. La trogne avinée de ce médecin des pontons, cette raclure. Ce salaud d'English refusait de me soigner, il soutenait que je mentais, que je fabulais, alors que je n'arrêtais pas de cracher mes poumons, des caillots de sang gros comme le poing. J'avais dû me battre, tout piteux que j'étais, des vertiges plein la tête et des jambes en chiffon. À la loyale, qu'il voulait, l'English, à la loyale, selon les règles de la boxe, ce jeu stupide qu'ils ont inventé. Si je gagnais, il me soignait, et pour de bon cette fois. Sinon, il me laissait pourrir sur mon grabat. Il n'avait pas fallu longtemps pour lui apprendre à se moquer de moi. "Gentlemen's agreement", qu'il criait! Mon cul, oui! Je lui ai sonné les vergues, embouti sa grand-voile arrière et défalqué son cacatois. Et lui, plutôt que de s'avouer vaincu, il m'avait fait donner la bastonnade. Et on appelait ça un médecin ? Bastonner un mourant ? On n'avait pas de morale sur les pontons. Un mourant avait boxé une outre à vin, l'outre à vin se vengeait. C'était ça la race humaine, une engeance pire que les chiens. Ça formulait des lois et encore des lois pour mieux les détourner. Et imposer sa force. Ceux qui suivaient la règle étaient toujours perdants.

La chandelle s'éteignit dans un murmure lascif. Ce chuintement me fit penser, sans trop savoir pourquoi, au sifflement ingénu de cette femme, rencontrée là-bas, sur une plage de l'île de Ré. Voilà mon bateau à la flotte. Des Anglais jusqu'à l'horizon. Qu'est-ce que vous auriez fait à ma place, pardi ? La cargaison était fichue, mais il restait encore ce coffret rempli de bijoux. Toute ma fortune. Je n'allais pas l'offrir à l'Anglais. Alors je me suis déshabillé et sans bruit j'ai nagé jusqu'à la côte, celle que je devinais, au loin. Une heure pour parvenir au rivage, une heure de souffrance, les bijoux à l'abri d'un mouchoir plié en quatre que je tenais serré entre mes dents. La femme avait surgi alors que je grelottais sur la grève, haletant, épuisé, transi de froid et de fatigue. Avec un mignon sourire, plus grivois que coquet, elle avait laissé à terre son panier rempli de je-ne-sais-quoi avant de soulever ses jupes. J'avais eu droit à son jupon, plus rouge que l'habit anglais, pour cacher ma nudité. Le reste ne vous regardait pas, tas d'envieux. Je ne l'aurais même pas noté dans mes mémoires. Il y a des souvenirs comme des liqueurs rares ; on ne souhaite les partager avec personne, jamais.

À tâtons, ma couverture serrée contre moi, je regagnai ma couche. Les draps étaient roides. Je m'allongeai. Dans le lit, la mort m'attendait. Elle avait les traits de cette îlienne. Sa main était glacée quand elle me toucha le bras.

— Guillaume ? Tu dors ?

— Pas encore. Je réfléchis.

— À quoi ?

— Crois-tu que ceux qui me liront, qui liront mes mémoires, croiront à ma vie ? Ne vont-ils pas penser que la moitié des choses c'est de l'invention, de la fantaisie ?

— Allons... Souviens-toi de “l’Amphitrite”. Souviens-toi de ces prisonniers espagnols qui avaient réussi à couler le navire en versant de l’acide sur les amarres... L’Amphitrite, avec sa cargaison précieuse, s’était éventrée sur les rochers de la côte. Et tu avais dû attendre qu’on vienne te sauver! Crois-tu vraiment que l’on peut inventer cela?

Je souris malgré moi. Le sommeil gagnait mes paupières. Mes mains ne tremblaient plus.

— Deux mois plus tard, je me rappelle, avec ma solde piteuse, je rachetais une barcasse. Le “Va-tout”, elle s’appelait. Une belle barque, un peu usée. Avec les compagnons, on avait même amarré des canons. C’était la grande époque, tu sais...

— Chut, je sais, dors maintenant, Guillaume, dors. L’heure n’est plus au souvenir.

— Si, je dois, je dois encore. Quelle était déjà cette ruse, tu sais, pour prendre les navires? Le stratagème? On se déguisait, c’est ça, on se déguisait en marchands turcs, on gueulait, on était perdus au milieu de l’océan, les navires nous prenaient à leurs bords et là, on les rançonnait. De l’ivoire et de l’or, je me souviens, c’était deux bricks battant pavillon anglais et...

— Et tu as encore tout perdu. Toujours tout perdu, mon Guillaume. À présent, viens, viens près de moi, pose ta tête lasse sur ma poitrine creuse. Il est temps de sommeiller.

Je m’approchai de la mort. Toujours gagner, toujours, et ne posséder jamais. Tel semblait être la devise de cette existence incroyable et vaine que j’avais vécue. J’étouffai un soupir d’angoisse, comme un caillot de sang qui me bloquait le souffle. Pourquoi avais-je écrit mes mémoires? Déliter mes aventures éblouissantes sur ces pages atroces? Personne ne croirait jamais à cette vie si réelle qu’elle en semblait factice. Saisi d’une terrible frayeur, je m’emmitouflai dans mes couvertures, la tête sur les seins flasques de la Mort.

Elle, encore gironde pour son âge, me caressait les cheveux comme une mère un tout jeune enfant après de terribles cauchemars.

Quand Angenard se tut soudain, laissant mourir la phrase sur ses lèvres, le silence dans le bouge se métamorphosa en douleur. Les hommes, dans la salle, remuaient, mal à l'aise, et là-haut, sur sa poutre, l'apparition aussi avait blêmi. Les plis de sa robe rubis accentuaient la blancheur de craie de son visage délicat.

— Quelle histoire bouleversante, Maître Angenard, gémit-elle à mi-voix, se servant du mouchoir de dentelle qu'elle avait roulé en boule dans ses doigts. Ainsi, selon vous, nous ne serions jamais que la somme de nos mémoires, de ce qu'elles auront pu engranger et retenir du passé... Nous ne vivrions alors seulement l'instant fatal précédant le trépas, et toute l'existence ne serait dès lors que songe et fumée.

— J'ai dit ce que j'avais à dire, marmonna Angenard, en trempant sa plume dans l'encrier. Cherchez-y ce que bon vous semble et laissez-moi écrire...

— C'est ça, écris, mon vieux ! Écris ! lança une voix dans l'assemblée. Le spectacle est d'un médiocre !

— Assez, Morbleu, assez !

Surcouf venait de grimper sur une table et apostrophait la foule, interdite.

— Tas de raclures ! pesta-t-il. Toujours bon à critiquer ! On vous demande une histoire, un fait d'armes, et vous racontez n'importe quoi. Vous ne saisissez donc pas la chance qui nous est offerte ? Celle de fuir pour toujours cet enfer ? Reprendre la mer, peut-être ? Les possibilités sont infinies ! Et c'est elle, elle qui a le pouvoir ; elle seule peut nous sauver !

— Très bien, railla L'Olonnois, qui l'observait. Très bien, Surcouf, fais ton faraud ! Raconte-nous tes exploits, qu'on s'amuse un brin !

— C'est avec toi que je vais m'amuser quand j'en aurai fini avec tout ça, gronda le corsaire.

SAINT-MALO

Avec Surcouf, dans le feu d'un abordage

Un bras enserrant le mat, une main en visière, je surveillais l'avancée du bâtiment anglais qui nous arrivait par sud-sud-ouest. J'avais fière allure dans mon large habit taillé à ma stature de colosse. Un habit dont le tailleur m'avait certifié la couleur, un bleu vif, maintenant délavé par le soleil et les embruns. Au retour, s'il y en avait un, ce gaillard tâterait de ma garcette.

Tout en dévalant les haubans, je le sentais, j'incarnais l'autorité, la force, la puissance. Les pans de ma redingote flottaient au vent comme une bannière royale.

— Combien de canons? lançai-je à Gattine demeuré en contrebas. Ce sacripant possédait une vue plus perçante que la mienne.

— Au moins vingt-six pièces de douze, Monsieur, si l'on compte uniquement les sabords, mais m'étonnerait pas que ces salauds d'Anglais en cachent sur le pont!

— Et nous n'en avons qu'à peine quatre! C'est plus qu'il n'en faut pour nous battre! Gattine, dis aux hommes de se tenir prêts, tous sur le pont, j'ai à leur parler.

— Bien, capitaine.

Tout en descendant de mon perchoir, je fis signe au barreur de courser l'Anglais, vaille que vaille. Le "Cartier", notre brick, raflé à l'ennemi dix jours plus tôt à l'embouchure du Gange, se cabra comme un cheval. Sa voilure profita du vent favorable qui soufflait alors sur le golfe du Bengale, où nous nous trouvions. En un éclair, que dis-je, un cillement de paupière à peine, nous fondions sur notre proie.

Les hommes s'assemblaient en grappe sur le pont. Je les comptai. Dieu de Dieu! Seulement dix-sept, sans compter Hamon, le chirurgien de bord, et moi-même. Je jetai un œil expert sur le navire ennemi qui s'approchait. Pour ce tonnage, il devait y avoir au moins cent cinquante hommes à bord. Un suicide. Un suicide, t'entends ça, Jean-foutre!

Je serrai les dents, crispai les poings. Il allait falloir ruser, cogner juste. Le "Cartier" était rapide, malgré les quatre canons que j'avais transférés de l'"Émilie". Ah, l'"Émilie"! Dieu sait que ce bateau était nerveux! Maniable, à la fois. Une merveille. Sa coque n'avait pourtant pas résisté à nos exploits sur les côtes indiennes. Je n'aurais pas dû le pousser à bout, le crever sous moi comme un cheval fourbu. Après ça, s'emparer du "Cartier" restait la seule chose sensée. Mais ces fichus Anglais n'avaient rien prévu pour l'abordage. Rien de rien. Pas un seul grappin à bord du brick, vous m'entendez, pas un. Décevant. Risible. À croire que ces culs rouges naviguaient à longueur de temps en galante compagnie! Leur "Cartier" allait s'exposer inutilement aux salves ennemies, sans pouvoir riposter. Dieu de Dieu! C'était un cul-de-sac, un vrai foutoir!

Pour la première fois de ma vie, peut-être, je blêmis. Je l'avoue sans honte. Dans notre situation, il ne restait qu'une alternative, une seule: la mort ou les pontons, si nous nous rendions, bien sûr. Et la mort n'était-elle pas préférable à ces séjours glauques et fiévreux dans les geôles anglaises, qui n'avaient de prisons que le nom et semblaient une succursale de l'enfer. Une maigre chance subsistait pourtant, pareille à ces épreuves de tir, vous savez, où l'on doit souffler d'une balle à cent pas la flamme d'une bougie. J'avais été un fameux tireur autrefois. Aussi je décidai de mettre en joue et de viser la flamme, de la souffler net, et aussi de réduire en miettes la bougie.

Les deux mains posés à plat sur le bastingage de la dunette, surplombant mes hommes, je me mis à haranguer mon équipage, trouvant des mots insensés et triomphaux dans les replis de ma cervelle. L'honneur, seul, dictait mes paroles.

— Messieurs, hurlai-je, les veines de mon cou tendues à éclater. Parbleu, j'ai commis une erreur, et de taille ! Nous courons à la mort avec la vitesse d'un chien fou qui ne voit pas la falaise devant lui. Voyez-vous qui s'avance sous des allures bonhommes ? L'Anglais est devant nous, Messieurs, là, tout proche ! Nous sommes à la merci de ses canons. Si nous fuyons, en trois coups nous sommes coulés. Voilà la situation toute crue. Nous pouvons tout aussi bien nous rendre et éviter toute rencontre. À vous de trancher. Je suis votre capitaine, certes, mais dans le cas présent, je ne peux décider seul. Tout homme a le droit de choisir sa mort. La mienne, parbleu, je l'ai trouvée.

Et bandant mes muscles dans un geste théâtral, tout en arborant un sourire sardonique, je brandis soudain mes pistolets.

Un instant pétrifié de stupeur, l'équipage rugit d'une seule voix inquiétante : “Sus à l'Anglais ! Hardi ! Hardi ! À l'abordage !”

Les gaillards faisaient plaisir à entendre. J'éclatai d'un rire sanglant.

— Ventredieu ! La belle équipée ! Hardi, mes amis ! Tous aux armes ! Nous aurons ces sales culs rouges avant qu'ils ne se réveillent. Vous allez apprendre à pêcher la baleine avec des aiguilles, mes garçons, je vous le garantis ! Mais l'hameçon que je leur réserve, ça, ils ne pourront qu'y mordre ! Allez, Messieurs ! Laissez venir ! Tout doux, tout doux ! Il faut ferrer ! Soyez prêts à sauter sur l'autre bord ! Montez les couleurs de ces chiens et tapissez-vous bien. Ils vont penser à tort que nous sommes des leurs, un pauvre pilote rentrant au port ou ce qu'il leur plaira de croire ! Hardi, compagnons ! Que votre honneur ne défaille pas par le fond ! Haro ! Ce vaisseau sera notre tombe ou le berceau de notre gloire !

Tout l'équipage se tapit alors contre le gaillard d'arrière et les plats-bords, les armes en mains, guettant l'instant où les coques des deux navires se frôleraient. Quelques hommes se cantonnèrent même dans le maigre interstice du faux-pont, prêts à jaillir comme des diables à la vue d'un curé égaré entre les cuisses d'une putain.

Le pont semblait soudain désert. Je camouflai à la hâte mes armes dans ma ceinture de feutre rouge, plaquai les pans de ma redingote par-dessus et m'allumai un cigare. Un de ces petits cigares à l'odeur âcre et au goût rustaud, tout cela pour copier l'allure désinvolte d'un négociant fortuné. Pour parachever la ruse, je fis monter près de moi, sur le tillac, quelques Indiens capturés en même temps que le brick. Trois hommes, enfin, m'épaulaient, aussi tranquilles en apparence que moi-même : un officier, Drieux ; Gilbert, le maître d'équipage ; et Kerenvragne, un "pays". Un matelot né comme moi à Saint-Malo, et qui ne m'épargnait guère ses sarcasmes, plutôt réjouissants.

Des minutes languissantes s'écoulèrent avant que les navires ne se frôlent. L'Anglais, insouciant benêt, tout englué dans ma ruse, nous lança même une amarre ! Forcé. Il nous croyait de son bord, voulait connaître nos errements. L'idiot ! Sans un mot, Kerenvragne saisit l'attache et l'amarra le plus solidement qu'il put. Aussitôt, sur un signe, les couleurs anglaises que nous arborions s'abattirent pour laisser place au tout nouveau drapeau révolutionnaire. Les Français. Les Français. Eh oui, mes braves messieurs, les Français, pour vous servir ! Sur le bâtiment adverse, le "Triton", un grésillement de voix enfla, à la mesure d'une tempête. Les Français !

En guise de salut, deux de nos canons lessivèrent de leur mitraille le pont de l'Anglais. La confusion électrisa l'ennemi, qui se rua sur ses batteries en vue de nous couler. J'éructai, livide :

— Timonier ! Lof sur lof, bon sang !

L'homme exécuta la manœuvre et nos deux bâtiments se rapprochèrent suffisamment pour que six des nôtres sautent sur la dunette du "Triton". Mais, malgré sa connaissance des nœuds, l'amarre de Kerenvragne menaçait de rompre. Je jetai juste un coup d'œil au maître d'équipage. Celui-ci connaissait son affaire. En un éclair, il empoigna une drisse qui traînait à terre et l'enroula autour d'un des porte-haubans du navire ennemi avant de la fixer à l'un de ceux du "Cartier". Les Anglais, surpris par la manœuvre, laissèrent aller.

— À l'abordage, hurlai-je alors à mes hommes dans un grondement animal.

Et sans me soucier de savoir si on suivait ou pas, j'escaladai, pistolet au poing et cigare aux dents, la coque du Triton. Alors que je parvenais sur le pont, je vis briller l'éclair d'une lame, sur ma droite. J'esquivai. Un roulé-boulé et me voilà debout. Et toujours le cigare coincé entre mes dents. Je ne l'ai jamais quitté, ce fichu bout de tabac, même quand l'anglais s'est rué à nouveau sur moi. Son sabre luisait moins que ses yeux de dément. Il m'aurait transpercé, l'animal, si je ne l'avais abattu d'une balle en plein crâne. Le coup ne l'arrêta pourtant pas. Pris par son élan, son cadavre courait encore après que la fumée de mon pistolet se soit dissipée! Il s'écroula comme un ours à quelques pas de moi. Je jetai mon pistolet déchargé et m'emparai de son sabre. C'est alors que je remarquai l'habit, et plus encore les épaulettes. Dieu de Dieu! Sans le vouloir, j'avais tué le capitaine du navire!

Derrière moi, dans un vacarme indescriptible, mes compagnons accouraient à la rescousse, gueulant, tempêtant, tailladant. Un vrai fléau de l'enfer.

Comme saisis de transe, et malgré notre petit nombre, nous nous ruâmes sur le pont comme des démons, hurlant et fauchant à la diable la racaille ennemie. Mon sabre traçait des sillons sanglants sur la gorge des soldats anglais, comme on fauche les blés mûrs. Ces benêts, désorientés par la mort de leur capitaine, luttaient vainement avec ce qu'ils avaient pu dégoter sur le pont. Balais, barres de fer, cordages mouillés, tisons. Des armes de pacotille. Je crus bientôt à une mutinerie, tant leur défense était risible.

Notre subterfuge et la rapidité de notre attaque leur avaient fait déserter la sainte-barbe, là où étaient remisés les armes et les explosifs. Imaginez! Je me trouvai tout soudain devant l'un de ces drôles, tout bonnement paré pour se défendre d'un baquet de bois rempli d'eau croupie! Pour me moquer un peu, je le fis danser à ma manière, comme s'il avait la courante. Du plat du sabre sur les côtes, comme un chat joue avec un mulot, je le tançai, tout en tirant quelques bouffées de mon cigare. Allez, allez, matelot, danse pour moi, danse pour le vieux Surcouf! C'est bien, l'ami, c'est bien. Et balance-moi ce baquet, tu vas nous mouiller tous deux! C'était d'un drôle!

Plus loin, j'aperçus Kerenvragne aux prises avec deux marins, l'un armé d'une paire de tenailles, l'autre d'une bouteille au goulot brisé. Sa jambe saignait abondamment. Je rectifiai mon matelot d'un coup au ventre, enfonçant mon sabre jusqu'à la garde, et me portai à son secours. Il était temps. Malgré les singulières armes des Anglais, ces deux compères, habitués sans doute aux combats de cabarets et d'arrière-cours crasseuses, s'approchaient dangereusement du Malouin.

Empoignant un cordage qui pendait à une vergue, je m'élançai, le sabre en avant. Ma lame cisailla la joue de l'homme aux tenailles et lui fit lâcher son arme de douleur. Indécis, son compère délaissa Kerenvragne pour me porter un coup. Un horion à la mâchoire l'assomma pour de bon. Il s'écroula en arrière sur son compagnon d'infortune et Kerenvragne, mû par la haine, leur trancha net la gorge de son sabre avant de cracher sur les cadavres.

— Hardi, fis-je, en voilà d'autres!

Nous avions perdu quelques hommes, mais la troupe tenait bon. Les sabords étaient souillés du sang anglais. Nous serions bientôt maîtres à bord.

En contrebas, Hamon, le chirurgien, et le cuistot du bord, demeurés seuls à bord du Cartier, assuraient nos arrières. Les deux coquins s'amusaient comme des enfants. Ils décimaient au fusil les canonniers camouflés dans les sabords, dès que ceux-ci esquissaient un regard dans leur direction. Tandis qu'Hamon visait avec soin, le cuisinier de son côté rechargeait les fusils en poudre et en balles. Il lançait même des munitions aux matelots en poste sur le pont du "Triton", le diable d'homme! Les deux compères avaient déjà reçu deux boulets par le travers qui, Dieu merci, avait juste frôlé le mât. Le "Cartier", plus petit, échappait ainsi aux tirs ennemis.

À force de battre comme plâtre les Anglais, nous parvînmes à les refouler dans l'entrepont. J'ordonnai aux hommes d'en murer les sorties possibles: écoutilles avant, arrière, batteries. On allait les fumer comme des cochons! Les verrous des mantelets furent fendus à coups virulents de hache tandis que l'on traînait des caillebotis pesants pour bloquer les Anglais dans leur trou à rats.

À l'instant où je croyais avoir gagné, j'aperçus un drôle qui, de sa geôle, me visait avec sa pétoire. "Foutredieu", ai-je pensé sur le coup, "mourir si bêtement sur le pont d'un navire anglais!". À peine esquissée une feinte de mon sabre, par pure réaction de défense, que le fusil crachait sa mitraille! Je fermai les yeux malgré moi et les ouvris presque aussitôt. J'étais vivant encore! Le bougre d'Anglais qui me visait s'était trompé dans sa fureur. Il avait mis le plomb contre l'amorce et la balle, loin de m'atteindre, lui avait vrillé la figure!

Je racontais ça et bien d'autres choses encore aux dames de la bonne société de l'île- de-France, où je séjournais alors. J'étais victorieux, et, ma foi, fort satisfait de mon affaire.

— Mon Dieu, Monsieur Surcouf, quelle aventure! N'aviez-vous point peur?

— Un marin n'est jamais effrayé, Madame, sauf devant une adorable figure telle que la vôtre.

Dans un franc sourire, je soufflais un peu de fumée de mon épais cigare au front délicieusement bombé de la femme du gouverneur. Celle-ci toussota, embarrassée, en agitant la main devant son visage. Ses suivantes feignaient de ne pas remarquer la rougeur discrète qui illuminait ses joues.

Le débarcadère grouillait de badauds et de portefaix venus décharger l'imposante cargaison du "Triton". J'étais radieux, la prise était belle. Je repris alors pour la millième fois au moins le récit de la capture du bâtiment. L'auditoire ne cessait de s'accroître et j'y prenais goût.

— Parbleu, nous voilà maîtres du pont, et ces drôles tentent de nous en déloger en pointant un de leurs canons de dix-huit vers nous, pour faire sauter une partie du tillac du gaillard d'arrière et tenter une percée.

— Ils ne savaient donc point que vous n'étiez qu'une poignée ? se risqua à demander une toute jeune fille.

— Mademoiselle, lui rétorquai-je en la cajolant du regard, nous nous étions bien gardés de leur révéler ce secret ! Pour eux, nous étions cent et plus, mille peut-être, tant notre rage de vaincre était forte ! En réalité, quinze à peine ! Un de leurs gabiers avait bien tenté d'éventrer la supercherie, il le paya de son sang et d'une balle dans l'oreille ! Je vous passe le reste de l'équipée, c'est trop de massacres pour une si belle compagnie que la vôtre !

— Mais, vous fûtes vainqueur, Monsieur Surcouf ! On dit que vous avez si bien traité vos prisonniers qu'ils vous considérant comme un "gentleman".

J'esquissai un geste badin, mon cigare voltigeant dans ma main.

— Madame, ils s'étaient si bien défendus et avec tant d'orgueil que j'aurais été ladre de ne pas respecter de tels adversaires ! D'ailleurs, nous les avions refoulés au fin fond des cales, ils se sont rendus d'eux-mêmes. Aucun mérite, vraiment.

— Monsieur Robert Surcouf ?

Deux hommes se tenaient sur la jetée, visiblement mal à l'aise. Ils pouvaient l'être. Sans mon auditoire raffiné, je les étripais. Par la chiure de Lucifer ! Deux envoyés des armateurs, ces sangsues qui me suçaient autant mon or que ma gloire.

— Que me voulez-vous, tas de crapauds ?

— Hé bien, Monsieur, fit l'un d'eux, en rougissant. Nous sommes venus vous prévenir de la plainte de Monsieur de Beausange, qui vous retire votre prise à son profit. Vous êtes destitué de votre rôle de capitaine. Vous n'aviez pas de lettres de marque dûment signées, vous ne pouviez chasser le “Triton”, ni aucun autre bâtiment. Je suis au regret…

Mon front s’empourpra de rage. La cour de belles dames s’envola sans bruit comme une flopée de moineaux, me laissant seul à seul avec les émissaires des armateurs. J’empoignai le revers de la veste du premier et lui crachai à la figure.

— Vermine! Foutre d’envieux! Vous verrez! Le nom de Surcouf fera le tour de la terre! Les Anglais blêmiront en l’entendant! Et le vôtre deviendra l’équivalent du mot “ordure”! On verra bien qui de nous gagnera la postérité! Dieu de Dieu!

Tout au long du récit de Surcouf, la Belle Dame avait de nouveau déboutonné le bas de sa robe. Sans un mot, elle fit glisser de ses épaules son habit, laissant apparaître un corset dentelé et des jupons infinis. Ses pieds menus et ses bras plus blancs que le lait aguichaient autant l’œil que sa vêture ou même son sourire indolent.

— Voilà une histoire telle qu’il me sied, minauda-t-elle, langoureuse, à l’adresse d’un Surcouf radieux. Vraiment, mon beau corsaire, vous vous êtes surpassé dans vos dires…

— Devant pareille beauté, les mots les plus simples se métamorphosent. Mon récit n’est rien comparé à vos grâces…

— Holà, les tourtereaux! clama soudain Tom Souville. On peut vous laisser seuls si vous le voulez!

— De quoi tu te mêles, toi? cracha Surcouf en même temps qu’une bouffée de cigare. Tu es jaloux, c’est tout!

— Jaloux de cette pécore! railla Primauguet. Monsieur, j’ai connu plus belles femmes que celle-ci, et plus prompte à engager leur vertu! Et votre histoire, vraiment…

— Quoi, mon histoire, Monsieur mon ancêtre? On ne vivait pas de la sorte au temps de la duchesse Anne?

— Tout cela manque cruellement de finesse et de panache, oui-da, murmura amèrement Primauguet. Vous êtes pourtant Breton, vous devriez comprendre… Écoutez ma complainte; vous en jugerez aisément.

MORLAIX

Le mariage aventureux de Primauguet, mercenaire de la duchesse Anne

Le navire s'éloignait des côtes à vive allure.

— Monsieur de Porzmoguer, êtes-vous devenu fou? grasseya dans son jabot un homme aux joues couperosées.

— Que nenni, Messire, j'obéis aux ordres de la duchesse Anne elle-même! Lisez sa lettre!

— Je ne sais pas lire, balbutia l'homme, honteux, en détournant le regard.

— Alors, regagnez l'assemblée et laissez-moi agir à ma guise.

Moi non plus, je ne savais pas lire, tout juste signer et encore. Mais cette outre à vin n'avait pas besoin d'en apprendre davantage. Il suait la peur, de se trouver ainsi sur l'eau. Pourtant, la mer était calme, cette nuit-là, malgré le tapage des veuzes, des tambours et des bombardes.

Ma caravelle, "La Belle Cordelière", franchit sereinement la passe de l'île de Batz à la lueur radieuse des chandeliers qui éclairaient le pont. C'était fête, le soir de mes noces avec la plus belle femme de tout le Léon et je devais me porter sur le champ au secours de la flotte française, en difficulté au large de Brest. Un ordre n'attend pas, encore moins ceux de la duchesse Anne, ma bienfaitrice. Sans elle, je serais peut-être encore forban, pilleur d'épaves ou bien pendu et enterré sans sépulture. Dix ans s'étaient écoulés depuis ce jour glorieux de 1503 où la duchesse m'avait fait mander en son château de Nantes. Moi qui n'ai jamais tremblé devant quiconque, je suffoquais à la voir si belle et si avenante, son regard acéré et confiant soupesant mon âme. Un genou à terre, le front vers le sol, je me prosternai et attendis. Allait-elle quérir ses gens ? M'enfermer dans un cul de basse-fosse de la forteresse ? Me condamner pour mes crimes et mes méfaits ? Que nenni. Elle se leva de son trône et s'avança vers moi, les mains en avant. Elle me saisit par les épaules et me fit relever, comme un pair, et non comme le paria que j'étais. Sans me quitter du regard, elle me parla doucement, comme à un enfant à qui l'on veut confier le secret de sa vie :

— Connaissez-vous le sieur de Coëtanlem ?

— De renom. On le dit richissime, négociant avisé et fin stratège.

Anne ignora ma réponse.

— Il est, dans la baie de Morlaix, un navire de sept cents tonneaux que Coëtanlem fit construire pour moi. Le connaissez-vous ?

— Ma dame, si vous parlez de "La Belle Cordelière", jamais je ne...

— Nous ne traitons point là de vos exploits passés, ni de vos forfaitures, monsieur de Porzmoguer. Cette caraque m'appartient et, comme telle, je vous en offre le commandement. Libre à vous de refuser.

Je blêmis.

— Ma dame, il ne saurait être question de...

— Eh bien, allons donc, l'affaire est entendue, Messire de Porzmoguer, ou préférez-vous votre nom de guerre, "Primauguet" ?

Je m'inclinais, le cœur essoufflé. Je pensais risquer ma tête et je recevais récompense.

— Venu d'une autre personne que vous, ce sobriquet eût été une offense. Les Français ont écorché mon nom et celui-ci me poisse le col.

— Servez-nous comme il se doit, Messire de Porzmoguer et,

nous vous l'assurons, vos ennemis ne vous oublieront pas. Ni dans leur haine, ni dans leurs prières.

Les invités dansaient toujours au son des fifres et des violes. Le départ avait été si prompt que les débarquer nous eût ralenti. La bataille faisait rage au large de Brest, et je connaissais trop le Sieur de Clermont, l'amiral de la flotte française, pour espérer sa victoire face à ces vaisseaux battant pavillon anglais. Il était comme ceux-là, une noblesse qui s'étiolait, faisant fi de ses serments et profitant de sa force. Je les haïssais tout autant que je les enviais, moi dont l'origine, loin d'être roturière, ne pouvait hélas être comparée à la leur. Je me devais pourtant de les prévenir, ces gens. Nous voguions vers la mort. Un frisson me saisit quand je songeai à ces légendes enfantines entendues le soir à la veillée, où les noyés de l'an voyageaient dans “la barque de nuit”, la “bag-noz”, la barque des défunts pilotée par l'Ankou. J'esquissai le signe de la croix et baisai furtivement mon talisman, béni au pardon de Sainte-Anne-La-Palud l'an passé.

Tandis que les marins s'activaient sous mes ordres aux manœuvres, je hélai mes invités. La musique cessa soudain et mille regards inquiets se rivèrent au mien.

— Il semblerait qu'un corsaire ne puisse savourer en paix sa nuit de noces. (Quelques rires discrets fusèrent dans l'assemblée). La duchesse Anne m'ordonne de guerroyer contre l'Anglois. Et, pour mon plus grand déplaisir, et le vôtre, je vous entraîne de force dans l'aventure. Vous étiez venus pour célébrer des noces une coupe de vin clairet en main et ce sera peut-être votre sang que vous boirez. Messires ! Gentes dames ! Nous partons un peu hâtivement vers l'ennemi, je le crains. Recommandez votre âme à Dieu et festoyez ! Car c'est de noces qu'il s'agit avant tout. Voyez ! Les tonneaux sont en perce et les tables abondent de mets ! Une fois l'Anglais vaincu, nous achèverons nos agapes ! Que les violons résonnent et que la lumière des chandeliers éclaire notre sillage !

Je frappai des mains. Transis, les musiciens, disposés sur la dunette arrière, surmontèrent pourtant leur frayeur et entonnèrent des airs à la mode. Cette musique enjouée, presque irréelle, tandis que l'étrave du navire brisait les flots, gifla l'assemblée, interdite. Une torpeur posséda les esprits un court instant, avant de se muer en une bonhomie discrète.

— Nous vivons là une bien curieuse aventure que d'aucuns nous envieront sous peu, éructa un homme à l'allure dégingandée, le col de son habit légèrement entrouvert.

— À condition que notre Primauguet nous ramène à bon port, marmonna un autre, le nez plongé dans sa coupe et la main tremblante.

Les yeux braqués sur l'horizon, guettant le moindre mouvement de voile, le moindre sillage, dans la nuit qui s'épaississait, j'entendis malgré moi ces paroles. Ils n'avaient pas confiance, ruminai-je sombrement, même pas après tout ce temps. Et ce n'était pas d'avoir épousé une dame de bonne condition, une des leurs, la veuve de monsieur de L'Estang, née Le Louët de Coatjuval, de m'être par cette union haussé jusqu'à leurs épaules, qui me ferait convier à leur table. C'était maintenant que je devais réussir, maintenant que ma valeur devait s'éprouver, là, sous leurs yeux bouffis d'orgueil, dans ce combat qui s'approchait. Ils comprendraient alors la valeur d'un homme, eux qui n'étaient que bêtes revêtues de parure de prix et de colifichets.

Alors que j'étais livré à ces amères réflexions, un frémissement me parcourut soudain l'échine. Hast ! Les Anglais ! À défaut de les voir, je les pressentais, les reniflais presque comme un lévrier flaire la trace du gibier traqué. Ils étaient proches, plus proches que ma main crispée sur le bastingage.

Je sautai sur le pont avant de courir vers le gaillard d'avant.

— Tous à vos postes, Morbleu ! L'ennemi est sur nous ! Hardi, hardi !

Comme s'il n'attendait que cet ordre, aboyé plus que crié, l'équipage jaillit de l'entrepont pour se ruer à son poste. Les hommes fendaient la foule stupéfaite. Les uns montaient les voiles, les autres grimpaient aux huniers, certains préparaient déjà les canons. Les danses cessèrent soudain. La peur reprenait possession des visages, les yeux dansaient dans les faces comme des feux malingres alimentés par la terreur.

Non, pas maintenant. Ils auraient droit de savourer leur angoisse durant le combat, mais c'était tôt, bien trop tôt. Si la panique gagnait l'équipage, alors “La Belle Cordelière” était perdue.

— Hé bien, qu'attendez-vous? hurlai-je à l'encontre des musiciens. Jouez, jouez encore! Et vous autres, dansez! Dansez ou battez-vous! Voilà les Anglais, ils sont là, ils nous tendent bras et sabres!

Trois navires. Trois seulement. Mais trois de trop. J'évaluai la situation d'un œil expert. L'amiral Howard, le commandant de la flotte anglaise, encerclait le dernier navire de Clermont. Celui-ci était aux prises avec le “Regent”, tandis que, de part et d'autre de son bord, le “Sovereign” et le “Mary James” louvoyaient pour le pilonner. La curée, c'était la curée et nous arrivions trop tard, mandés en vain, alors même que messire de Clermont savait sa position intenable.

Devant nous, le “Mary James” nous prêtait son flanc droit. Je fis donner toute la voilure. Le mousse vint me trouver. Le timonier m'appelait.

— Messire, balbutia ce dernier quand je m'approchai de lui, nous allons droit à la mort!

— Je le sais, mon bon Moanard, mais tout droit, continue tout droit, sans faillir.

— Nous allons l'éperonner par le travers, si nous continuons de la sorte.

Mes lèvres esquissèrent un rictus malfaisant.

— Que cela soit, alors! “La Belle Cordelière” résistera, c'est un bon navire.

Les violons jouaient toujours leurs airs guillerets et enlevés. Certains des invités dansaient des gaillardes. D'autres s'empiffraient, s'enivraient, riaient sans se soucier de rien. Seuls quelques beaux messieurs, parmi lesquels je reconnus le bailli de Morlaix lui-même, fixaient le large avec crainte. Leur front soucieux, la gravité de leur visage, me tourmentèrent plus que de raison. Entraînés dans une aventure imprévue, ces hommes d'honneur réagissaient comme à l'accoutumée de leurs charges. Ils brûlaient de se battre, d'agir. Si nous succombions, comme je le craignais, ils périraient sans avoir pu prouver, à eux-mêmes et aux leurs, leur bravoure. Je m'empressai de les rejoindre.

— Alors, monsieur de Porzmoguer, persifla un de ces hommes, un certain Coatcoz, marchand de toile de son état, un bal à bord de ce navire ne vous suffisait pas ? Il fallait nous convier à une véritable bataille !

J'ignorai la remarque d'une moue.

— Messires, nous sommes engagés dans un combat douteux. L'ennemi nous est supérieur. Nous sommes en grand danger de périr.

— Et que comptez-vous faire pour assurer protection à vos invités, questionna le bailli, le visage blême et les yeux enfiévrés.

— Rien qui ne puisse être tenté par eux-mêmes. La sainte-barbe regorge d'armes pour tous. Si l'on excepte les femmes, à combien présumez-vous nos forces ?

Le groupe se concerta du regard.

— Deux cents, peut-être moins, répondit l'un d'eux.

Les autres hochèrent la tête en silence.

— Alors, que pensez-vous de ce nombre, face aux forces adverses ? Il y a assez de poudre et de mousquets pour tous. Nous ne possédons qu'un seul navire, certes, mais nous avons l'avantage de la surprise. Notre vaisseau est léger et maniable. Ceux de l'Anglois sont plus lourds, moins manœuvrables. Alors, messires, vous confiez-vous à moi dans l'adversité ? En cas de malheur, ajoutai-je, vous commanderez chacun une des positions à tenir.

Le bruit des fifres, violons et tambours, comme en furie, couvrit soudain leurs réponses. Nous nous tournâmes d'instinct vers le gaillard d'avant. La silhouette du "Mary James" se dressait à quelques encablures à peine devant nous. Nous pouvions discerner l'agitation fébrile des marins anglais, surpris de notre assaut et de son audace.

De la main, j'encourageai les musiciens. Ceux-ci entonnèrent alors des airs à danser qui rythmaient un curieux bal. “La Belle Cordelière” se pavanait aux accords de cette musique fastueuse. Je la sentais se cabrer sur les flots, comme un cheval heureux de galoper. Sans me soucier de ma jeune épouse, qui s'étreignait les mains d'anxiété et de détresse, je me ruais à nouveau au côté du barreur. Il fallait finement manœuvrer.

— Moanard !

— Oui, messire ?

— J'ai changé d'avis. Barre à tribord toute. Nous allons éviter le “Mary James” au dernier moment et décharger notre mitraille dans son flanc droit.

— Bien, messire.

Le barreur batailla, le vaisseau tressaillit et incurva sa course vers la droite. Nous étions si près que nos coques se frôlèrent. Un œuf aurait été écrasé dans le maigre intervalle qui séparait les bâtiments.

— Canonniers, à vos postes. Feu à volonté ! Et vous musiciens, sonnez toujours ! Nous allons faire danser ces drôles-là par le sabord. Et fournissez des armes à ceux qui en veulent, tudieu ! Il n'y a que les braves à être immortels !

Une salve de mousquets acheva de tétaniser les marins du “Mary James”. Une fumée âcre s'éleva soudain, la fumée de nos canons que le vent nocturne ne parvenait pas à dissiper. À la lueur des torches, je vis mes notables s'assembler et se diriger un à un vers des convives demeurés en retrait. Sur mes ordres, déjà, les femmes étaient descendues se réfugier dans l'entrepont. Je fis signe à trois matelots d'aller quérir des armes dans la sainte-barbe et de les distribuer. Plus personne ne dansait, ne riait. Les musiciens eux-mêmes s'étaient tus, après le fracas des canonnades et de la mitraille.

Dans un silence absolu, nous voguâmes à la rescousse de Clermont, ce ladre qui ne le méritait guère. Dans notre sillage, l'étrave du "Mary James" doucement s'abîmait dans les flots.

La suite du combat fut épique et confuse. À deux reprises, nous touchâmes le "Sovereign" sans subir de représailles. La troisième salve le fit sombrer. Mais nous nous étions par trop approchés du "Regent", lui présentant nos arrières. Clermont avait fui, et l'Amiral Howard, furieux de notre victoire, se vengea sur nous. Un boulet fracassa l'un des mâts, entravant notre course. Nous ne pouvions plus fuir. De plus, notre trop grande voilure nous gênait pour manœuvrer. Nous parvînmes néanmoins à nous rapprocher suffisamment du "Regent" pour lancer quelques grappins d'abordage. Dans un craquement furieux, les bâtiments s'étreignirent en une accolade sinistre.

Dès lors, ce fut une bataille rangée. Les tables du festin furent renversées et les invités s'y réfugièrent, transis de terreur et de rage. Ils serraient tous la crosse d'un mousquet ou la poignée d'un sabre. Agenouillé près d'eux, les soutenant ou les invectivant au besoin, je dirigeais les manœuvres. L'Anglois balayait notre pont. Nous ne pouvions risquer l'abordage sans perdre des hommes. Plusieurs fois, nous essayâmes de ruser. En vain. L'ennemi nous tenait sous son feu. À chaque tentative, les corps des matelots se mêlaient à ceux des notables en de fraternelles retrouvailles.

Deux heures à peine s'étaient écoulées, le jour pointait à peine, quand le timonier, Moanard, se glissa près de moi, le visage humecté de cendre et de sueur.

— Messire...

— Quoi, que veux-tu ? grondai-je malgré moi.

— Les munitions. Nous allons manquer. Il nous reste à peine deux tonnelets de poudre et plus une seule balle.

Nous nous regardâmes, interdits. Nous avions perdu.

Perdu ? Il me faudrait donc me rendre à l'Anglois ? Perdre "La Belle Cordelière" ? Perdre ce bateau splendide que l'on m'avait confié, perdre l'estime de la duchesse Anne?

Les musiciens avaient rejoint depuis longtemps les femmes dans l'entrepont. À coups de crosses et de bourrades, les matelots les firent remonter sur le pont. J'essuyais mon front las d'une couche de poudre et de sang séché. Ma gorge était sèche.

— Messires, jouez encore! Jouez pour nous! Il en va de votre vie!

— Mais, Monsieur de Porzmoguer...

— Jouez, vous dis-je! Ou il vous en cuira!

Comme si mes menaces surpassaient cet enfer, les musiciens, les doigts tremblants, exécutèrent une passacaille. Inspiré par la musique, je m'emparai d'une torche et descendis à la sainte-barbe. Moanard avait raison. À peine deux tonnelets de poudre.

Je me signai, recommandai mon âme à Dieu et à sainte Anne en embrassant la croix passée autour de mon cou. Elle avait la saveur du sel, de la sueur et du sang. Je fis basculer en avant les tonnelets, la poudre se répandit sur le sol. Et dans une dernière pensée pour ce navire si fidèle et cette épouse que jamais je ne côtoierai, je jetai à terre la torche enflammée.

Seigneur! blêmit l'apparition. Quelle histoire affreuse! Maître Primauguet, avez-vous vraiment fait sauter la sainte-barbe de votre navire?

— Si fait, Belle Dame, répondit le corsaire, c'était la seule chose sensée à faire...

— Il y avait peut-être moyen de se sauver d'une autre manière, argua Tom Souville en se levant de son siège. Moi-même, j'ai secouru quantité de personnes dans des situations plus désespérées encore!

— Mais, Monsieur, répliqua vertement Primauguet, il en allait de notre honneur, et de celui de la duchesse Anne!

— Ah, la duchesse Anne, la duchesse Anne, vous n'avez que ce mot-là à la bouche ! Elle n'était tout de même pas sur le bateau, votre duchesse Anne, là, tout de même ! Alors, sacrifier une caravelle, un pilote émérite et tous ces braves bourgeois qui ne demandaient qu'à danser un peu, tout ça pour ne pas bafouer son orgueil ! Vous m'excuserez du peu, c'est puéril.

— Ah ça, Monsieur, s'emporta Primauguet en extirpant son épée du fourreau, vous en répondrez sur votre honneur, si d'aventure vous en possédez un !

— Tout doux, l'ami, tout doux, murmura Tom Souville sans pour autant reculer. Je ne voulais pas froisser votre sens du devoir, loin de moi cette idée. Je veux juste vous raconter ma propre histoire, un des épisodes de ma vie. Vous jugerez ensuite... Savez-vous d'ailleurs que j'ai sauvé un jour, dans ma prime jeunesse, des Bretons ? C'était à Brest, s'il m'en souvient...

BREST

Une évasion des pontons anglais fomentée par Tom Souville

— Sans moi, certainement, vous coulerez, Messieurs. Il n'est plus temps de tergiverser ! Sautez sur le canot !

Ce canot, il n'était pas à moi. Je l'avais volé sur le port, à peine débarqué d'un transport de prisonniers, un échange entre marins français et anglais. Confiné dans l'entrepont durant dix jours, entassé avec d'autres comme des balles de coton ou du bois d'ébène, la traversée entre Portsmouth et Brest m'avait pesé. J'avais maigri. Aucune nourriture à bord, rien, que l'air vicié à mâcher, les poumons en feu. Aussi, dès que j'avais eu vent de la nouvelle, qu'un navire, le "Royal Louis", s'était éventré sur un rocher pervers fiché au beau milieu de la rade, j'avais pris le large. Comprenez, le sauvetage, pour moi, est une seconde nature. Rien ne peut me retenir. J'entends des appels et mon cœur se fend de haut en bas. J'accours.

Je ne savais pas si le canot serait assez vaste, capable de supporter le poids de tous ces hommes. Je n'y pensais même pas. J'allais.

Le capitaine, un gaillard au visage hâlé, tanné par le sel et les courses, me cria dans les oreilles :

— Impossible de nous sauver tous avec votre barque ! Nous sommes trop nombreux. Nous allons tous nous noyer !

— Un mot de plus et je monte à bord pour vous botter le cul! Dépêchons, voyons! L'eau monte à vue d'œil!

Dans un ordre presque parfait, chaque marin, les uns à la suite des autres, glissa le long du cordage tendu entre le "Royal Louis" et mon canot. Les hommes s'entassaient, de plus en plus. Nous allions chavirer. Combien étaient-ils donc à bord? Je levai les yeux. Il y en avait tant et tant sur le pont, tant de matelots aux yeux hagards, pressés de fuir, que j'en frémis. Je ne pouvais tous les sauver.

— Arrêtez, arrêtez! Je reviens. Le temps de déposer les autres et je reviens.

— Vous ne reviendrez pas, Tom Souville, vous ne reviendrez pas. Ce canot sera votre tombeau. Je vous avais prévenu, vous n'avez pas voulu fuir. Vous ne pourrez jamais vous évader. Jamais.

Jamais.

Et c'est alors que je reconnus le front haut et le nez recourbé jusqu'à la bouche du commandant Baker. Une cicatrice ancienne fendait sa lèvre et il souriait. Je jetai un coup d'œil au navire. Ce n'était pas le "Royal Louis", dont j'avais bien sauvé l'équipage quelques années auparavant à Brest, mais le "Crown". Le "Crown", ce navire moribond, sans mâts ni voiles, aux sabords cloués, infâme carcasse enlisée dans les vases d'un marais putride, insane, au large de Portsmouth. Le canot que je croyais avoir volé, c'était "l'Adroit", c'était mon bateau, mon pauvre bateau coulé d'un coup par le brick de guerre anglais que nous avions confondu avec un navire marchand dans la brume des côtes.

Et la vie qui se mourait dans mes veines, c'était la mienne.

J'ouvris les yeux. Le cachot empestait la charogne. Tous les sabords avaient été condamnés. L'obscurité était omniprésente et je m'éveillai de mon rêve comme si je n'avais jamais dormi. Mes vêtements, ces tas de nippes orange frappés des deux lettres “T” et “O”, pour “Transport Office”, étaient souillés et me poissaient la peau. Était-ce le jour, la nuit? Nul bruit ne filtrait des abords, pas même un raclement de gorge ou un râle. J’étais seul. Seul dans le noir avec ma faim et ma soif, qui me boursouflait les lèvres. Je repensais sans le vouloir à Brest. Brest, une étape de ma jeunesse. Qu’aurais-je donné pour boire, ne serait-ce que l’eau de la Penfeld? Le retour au port avec l’équipage du “Royal Louis” au grand complet avait été triomphal. Nous avions écumé les troquets de la ville, jusqu’à nous encanailler à Kéravel, buvant jusqu’à plus soif, braillant masse de fadaises et de jurons. Pourquoi, dès lors, toutes les nuits, ou ce que je croyais être les nuits, faisais-je le même cauchemar, celui d’un sauvetage impossible? Ou celui de mon évasion éventée?

Faîtes confiance aux Anglais, allez donc! L’Empereur lui-même ne s’y fiait guère et il avait raison. Perfide Albion! J’avais donné dix livres, dix livres de ma poche, vous m’entendez, à ce pauvre garçon, un certain William Holsom. Un brave gars, Will, ça se voyait d’instinct, mais trop jeune et avenant pour être promu garde dans ce bourbier. Sa mère était malade et sans le sou. Voilà pourquoi il avait dû s’engager avant l’âge. Peste de coquin! Ah, il m’avait eu avec ses grands airs et ses minauderies, ses pleurs et ses soupirs. Mon bon Souville, fais quelque chose. Un geste, quoi! Sa mère se meurt, tu le vois bien. La lettre qu’elle avait adressée au gosse était toute tâchée encore de ses larmes. Je dégrafai adroitement le pli de mon habit et je lui tendis les dix livres, ces maudites livres que j’avais réussi à soustraire à l’avidité des gardiens et de mes compagnons d’infortune. Il me regarda, interloqué, et sourit, enfin. J’étais comblé. Je lui avais rendu vie.

Et trois semaines après, quoi, presque jour pour jour, on me flanquait dans ce cachot miteux, sous prétexte d’évasion. Bien sûr que je la préparais, mon évasion, faudrait être fou pour rester ici, et plus encore pour brailler qu’on va se faire la belle! À grands coups de crosse dans la coque, les gardes avaient ouvert une brèche assez grosse pour qu’un homme s’y faufile. Cet homme, ça aurait dû être moi! Et le sourire du commandant Baker, ce sourire ignoble des scélérats et des imbéciles. Il ricanait. Je m'étais vanté, dès mon arrivée, de quitter au plus tôt son palais, de lui fausser compagnie dès que possible. Les yeux rivés aux miens, il avait juste murmuré: “Nous verrons. D'ici, Monsieur, on ne s'évade jamais de son vivant”.

Et voilà! À cause de ma bonne âme, cet homme avait remporté la donne. De mon côté, je perdais le secret le mieux gardé du ponton, acheté à prix d'or! Une mince fente entre deux planches, près de l'étrave, que l'un des prisonniers du ponton, un simulateur libéré pour cause de folie, avait commencé à creuser. Des heures de travail anéanties, réduites à rien, à s'échiner la crasse sur la coque, avec l'espoir pour toute lumière. Des jours et des nuits à agrandir ce trou avec une vrille de fortune pour m'échapper enfin de ce cloaque. Je n'en revenais pas. Un si bon plan, pourtant! À peine deux mois de travail! Et ce sale gosse, pour tout remerciement, me dénonçait! Ça valait la peine de l'aider, celui-là, de lui confier misères et espoirs. Il me poignardait, cela suffisait. L'Anglais était indigne, je le saurais dès lors.

Le cachot où l'on m'avait jeté depuis ne devait pas mesurer plus d'un mètre de hauteur. J'étais toujours accroupi, ou assis. La porte était solide, je l'avais éprouvée de l'épaule, et l'espace réduit. À peine trois pas de long en large. Étouffant. Je marinais dans ma propre salaison. Une semaine seulement s'était écoulée, d'après ce que j'avais pu établir en fonction des promenades journalières sur le pont. Encore près d'un mois à tirer dans ce trou, si ce que j'avais entendu était juste. C'était la sentence usuelle, pour les candidats à l'évasion et les récalcitrants. Un bon mois de cachot pour briser les ailes et le dos. Les métamorphoser en vieillard avant l'heure.

J'attendais. Ce qu'il fallait, c'était de ne pas perdre la tête, ni son énergie, vainement, à gratter de l'ongle la porte en hurlant à la mort comme un chien. Je voulais me venger. Et la vengeance me gardait libre. Tous les matins, lorsque je montais sur le pont avec les autres, je cherchais toujours du regard cette saleté de Will. Mais cet escroc avait disparu, bel et bien. J'avais beau questionner à demi-mot d'autres gardes, personne ne savait les raisons de son absence, ni où il se trouvait. Alors, en tournant sur le pont avec les autres, je me promettais, une fois sorti de cet enfer, de le pister et de l'abattre.

Un verrou tourna soudain. Une trappe se souleva dans la porte et quelqu'un déposa par terre un bol, un quignon de pain et un pichet. Le bol devait contenir ce gruau infâme qu'on nous préparait, mélange de pommes de terre germées et de viande tout juste bonne pour les chiens. Et encore, quand il y en avait, de la viande ! Le plus souvent, c'était de la graisse rance. On trafiquait à tout va dans ce rafiot, de l'intendant au soldat. Sans ça, pour eux aussi, l'existence aurait été insoutenable. Pour vivre, survivre plutôt, il fallait manger. Même ça. Même ce pain noir et pâteux, cette bouillie au goût de ver et de fiente et cette eau croupie. On mangeait, malgré l'estomac qui se révulsait. On mangeait.

Ce matin-là, comme tous les autres, je me ruai littéralement sur mon repas. J'avalai quelques bouchées et rompis le pain. Il me resta entre les doigts. Je tremblai de stupeur ! Celui-ci était creux. Mon pain était creux. On l'avait creusé sciemment, vous comprenez. Et, à l'intérieur, on avait glissé un bout de papier. Je le sentais bien sous mes doigts. Un bout de papier ! Mais je ne pouvais pas le lire, pas maintenant, dans ce cachot obscur. Je devais attendre d'être sur le pont, pendant la promenade. Un papier ! Un papier ! Vous imaginez un peu ! Quelqu'un pensait à moi ! On allait me faire sortir de là, m'aider à m'enfuir ! J'avais enfin un allié !

Et je ne pensais même pas que cela pouvait être un piège. Non, sur le coup, je ne pensais pas à ça.

C'est en tremblant que je montai les marches menant au pont supérieur. Les gardes crurent que je devenais fou, comme tant d'autres, que le cachot achevait de me briser les nerfs. Non, c'était la fièvre, la fièvre de savoir ce qu'il y avait d'écrit sur le papier. Il était roulé en boule, dans mon poing. Une pluie fine et pénétrante crachinait. Tout autour du ponton, les marais s'étendaient jusqu'à un mur de brume, spectacle quotidien de notre déchéance. Ça et là, un bras décharné de squelette émergeant de la vase meurtrière pointait au ciel, comme une insulte à Dieu. Un de ces drôles qui avaient voulu fuir et s'étaient enlisés. Mes tremblements redoublèrent.

Devant moi, bravant le froid, trois hommes se serraient dans la même couverture élimée. Ils étaient nus. Sans doute des joueurs ayant misé jusqu'à leurs habits, c'était courant sur les pontons. Les bougres, boudinés dans leur vêtement de fortune, avançaient de guingois, comme des crabes. Soudain, l'un d'eux marcha sur la couverture et chuta en avant, entraînant les autres.

Les gardes s'empressèrent de les relever, à coups de crosses et de bottes, me laissant quelques instants de répit. Je déchiffrai alors discrètement le papier, défroissé dans ma main. Une fine écriture à la plume. Ce n'était pas signé. Aussitôt l'avoir lu, j'avalai le papier. Pas de traces. Personne n'avait fait attention à moi. Le message était encourageant et laconique. J'exultais. Tout allait se jouer ce jour. J'allais enfin pouvoir fuir ce cloaque.

Mes trois bonhommes se relevèrent avec peine, et la promenade se poursuivit. Au bout d'une heure, glacés par le crachin persistant, nous redescendîmes dans l'entrepont. La porte du cachot se referma sur moi. Je m'assis et j'attendis. Quand je fus certain qu'aucun garde n'était posté devant ma porte, à m'observer, je tâtai le mur de ma prison, latte après latte, de haut en bas, pour être sûr de ne pas rater le moindre interstice entre les planches. Le message, rédigé en un français grossier, disait à peu près ceci: "Soyez prêt minuit ce soir. Marée montante".

Dans ma liesse, je ne cherchai même pas à savoir qui m'avait envoyé ce papier. Je voulais fuir, c'était tout. Si l'on me disait d'être prêt, si l'on me disait que la marée serait haute, c'est-à-dire qu'elle baignerait le ponton, monterait peut-être jusqu'à ma cellule aux environs de minuit, c'était que l'on avait préparé ma fuite. Quelqu'un avait dû forer un trou, un trou que je pourrais agrandir peut-être suffisamment pour m'y faufiler à la faveur de la nuit? Celui qui m'avait transmis ce message prenait des risques. C'était ce soir ou rien. Il avait dû tout prévoir. Sinon, à quoi servait de me laisser espérer, de me couvrir les doigts d'échardes en cherchant une fente quelconque?

Je riais presque tant l'excitation de la fuite me tenaillait. Agenouillé devant la coque, je fis deux fois le tour de ma cellule avant de dénicher une rainure. On l'avait recouverte de coaltar pour la dissimuler au premier examen. Mais je la sentais, bien nette, toute fraîche. Le coaltar me poissait encore un peu les doigts. Elle courait, cette rainure, tout le long de la paroi, découpant sur la coque une ouverture suffisamment large pour un homme.

En attendant la nuit, je répartis mon argent dans mon bonnet de matelot. J'allais devoir abandonner mes habits pour nager jusqu'à la côte dans l'eau glacée.

La marée monta en même temps que la nuit, par vagues successives. J'avais de l'eau jusqu'aux genoux. Quand l'obscurité fut complète, je me laissai glisser par l'ouverture du cachot et m'enfonçai dans une eau fangeuse, ténébreuse. Au-dessus de moi, tandis que je m'éloignais doucement à la nage, j'entendis la voix d'une sentinelle répondant à une autre, un éclat de rire, quelques paroles railleuses. Caché par une passerelle de bois dont je m'appuyais à un des montants, je repris mon souffle. J'étais transi, inquiet. Une sentinelle se rapprochait. Le bruit de bottes faisait trembler la passerelle. Si le garde se penchait, ou agitait sa lampe sourde, il me verrait.

Un instant plus tard, un soldat anglais déboucha de l'ombre et se planta presque au-dessus de ma cachette. Là, il s'arrêta, le regard lointain, humant le large. Je suffoquais de froid. Ma peau, je la devinais bleuie. J'étais saisi. Si je ne bougeais pas dans les minutes à venir, j'allais couler, comme une pierre. Aucune arme pour me défendre, rien. Je songeais à le faire basculer dans l'eau, à lui enfoncer le crâne jusqu'à ce qu'il ne respire plus. Bravo Souville! Comme ça, on ne s'inquiétera pas de la disparition du garde, on ne te verra pas nager vers la côte, malgré la nuit sans lune et la marée haute. Oui, mais c'était ça ou mourir noyé. Allait-il donc partir, le bougre, finir de contempler la côte ou de rêvasser sous les étoiles?

Un fin filet d'urine jaillit soudain à deux doigts de mon visage. Je levai les yeux, éberlué. La sentinelle se soulageait, sans plus. Une fois sa besogne accomplie, elle retourna sans se presser à sa place, en sifflotant un air léger. Une gigue, je crois. Tout en secouant la tête, je repris le plus silencieusement possible ma nage vers le rivage.

Parvenu à la moitié du chemin, je me retournai. La silhouette odieuse du ponton, ventrue comme une outre de mauvais vin, saillait sur l'obscurité à la lumière des sentinelles. Personne n'avait repéré ma fuite, pas encore. Mais où aller? Où? Le rivage m'avait semblé plus près tout à l'heure, mais maintenant? J'avais les muscles en feu, la poitrine pesante, le souffle court. Sans exercices depuis un mois, gavé de nourriture infecte, je ne tiendrais pas longtemps, je le savais. J'aperçus alors un filet de lumière luire au loin, près de la pointe que formait la grève à cet endroit. Était-ce mon sauveur qui m'adressait là quelque signe?

Sans réfléchir, nageant toujours avec peine, je me dirigeai vers ce fanal imprévu, risquant ma vie sur un coup de dés. Au bout de deux heures d'effort, mon corps me trahit. J'étais presque parvenu au rivage, je le touchais presque de la main. La mer m'engloutit soudain. Je me débattis, avalai une goulée d'eau saumâtre, relevai la tête. Et posai les pieds sur le sol, malgré la vase traîtresse. Mais rien, je ne m'enfonçai pas. J'étais plus près de la grève que je ne le croyais, avec de l'eau à peine plus haut que mes épaules.

Tandis que j'avançais, moitié nageant, moitié marchant, le fanal vint vers moi, dévoilant l'habit de son propriétaire. Un habit rouge, plus rouge que le sang ou la honte, un habit que ceux qui l'ont déjà vu ne peuvent oublier, surtout s'ils s'évadent d'un ponton.

Je tremblais de fureur et de dégoût plus que de froid. Un piège, un immonde piège fomenté par le commandant du "Crown", à n'en pas douter! Celui-là avait cette sorte d'intelligence perverse. J'aurais dû me méfier. Tout d'abord ce mot dans le pain, un signe de complicité évidente, et ces hommes qui trébuchent sciemment, et ce sabord découpé et colmaté! Autant de signes que je n'avais voulu voir, tout entier dans l'espoir.

La honte me fit bouillir les veines, tout nu que j'étais, avec mon bonnet mouillé sur le crâne, et le vent pour tout vêtement. Je me jetai sur le garde, renversai la lanterne. Et au moment où j'allais l'assommer d'un coup de poing, je m'aperçus que cette sentinelle n'était autre que William Holsom. La crapule qui m'avait volé dix livres.

— Will? C'est toi? Que fais-tu, là, mon gars? jetai-je en lâchant mon emprise.

Il se releva un peu en se frottant le crâne.

— Si c'est ainsi que vous remerciez les gens, Monsieur Souville...

Sa voix traînante n'était pas amère, loin de là.

— Mais comment? Vas-tu t'expliquer, mon garçon?

— Je suis désolé de vous avoir dénoncé, Sir, mais il fallait que vous alliez au cachot. J'avais tout prévu. Vous ne pouviez pas croupir dans cette geôle, Sir, pas un homme comme vous, au cœur si bon.

Je l'aidai à se mettre debout. Il me tendit un ballot de vêtements, que je m'empressai d'enfiler.

— J'espère que ça vous ira. Ça appartenait à mon père. Vous savez, les dix livres que vous m'avez données ont été bien employées. J'ai pu soigner ma mère, enfin. Ce n'est pas avec la foutue solde qu'ils nous donnent...

— Viens, répliquai-je, fichons le camp de là. Tu me raconteras en chemin. Je suis curieux de savoir comment tu as fait...

— Assez simple. Mais venez, vous avez raison. Un navire doit vous embarquer à destination de la France, il part à l'aube.

Il empoigna la lanterne et me précéda sur le chemin. Avant de le suivre, je coulai un regard en arrière au “Crown”, souhaitant ne plus jamais tâter des geôles anglaises et de leurs turpitudes. Puis, à la suite de Will, je m’aventurai dans le chemin qui longeait la laisse de mer. L’avenir s’épanouissait sous chacun de mes pas dans les lueurs rosées de l’aube.

Durant toute la narration de Souville, un groupe d'hommes s'était massé sous la poutre où se tenait nichée l'apparition. L'Olonnois menait la troupe, le sabre toujours en main. Plus loin, près de la porte du cabaret, un autre groupe, entraîné par Misson, guettait la suite des évènements, prêt à s'enfuir ou à agir, selon le cas. Surcouf, de son côté, écoutait Souville d'une oreille paresseuse, le visage tourné vers la Belle Dame, qui agitait toujours ses jambes en cadence dans le vide.

Un sifflement bref ponctua la fin du récit du corsaire. Aussitôt, les hommes de L'Olonnois s'assemblèrent sous la poutre. Leurs bras formaient une sorte d'escalier que les plus agiles escaladèrent, laissant le sommet à leur chef, Nau. Le pirate gravit prestement les barreaux de cette échelle improvisée et parvint à hauteur de l'apparition à l'instant même où Surcouf, jurant et pestant, bousculait ses compagnons. Déséquilibré, L'Olonnois se rattrapa à ce qu'il put, en l'occurrence la merveilleuse robe rubis sur laquelle était assise la Belle Dame. Celle-ci faillit tomber à la renverse. Elle se rattrapa de justesse à la poutre tandis que Nau, une partie de la robe en main, dégringolait vers le sol.

Monbars, de son côté, se jeta sur Surcouf et lui asséna par-derrière un coup de crosse de pistolet sur le crâne. Le corsaire s'écroula. À côté de lui, L'Olonnois, encore étourdi de sa chute, se relevait hébété et contemplait interdit la robe rubis en miettes dans ses mains.

Misson s'immisça dans la mêlée au moment même où la porte du bouge s'ouvrait à la volée.

— Assez, vomissures de crapauds ! asséna une voix autoritaire et haut perchée.

Un homme frêle se tenait dans l'embrasure de la porte, un foulard autour du cou. Une autre personne le suivait, encapuchonnée dans une pèlerine. La capuche couvrait si bien les traits de son visage que l'on avait l'impression de contempler un spectre.

— N'allez-vous donc pas laisser cette pauvre fille en paix, vous autres ? gronda encore l'homme frêle en s'avançant dans la pièce, suivi de son compagnon.

— Qui es-tu ? questionna Misson, devançant tous les autres.

— Un homme qui a entendu parler de cette apparition, et qui voulait la voir de plus près ! Mais, si j'avais su ce que je trouverais dans cette taverne...

L'inconnu s'approcha du groupe d'hommes et les sépara sans ménagement.

— Pourquoi ne déclines-tu pas ta véritable identité ? suggéra l'apparition tout en remettant de l'ordre dans sa coiffure.

— Est-ce à moi que tu parles ?

— Bien sûr, à qui d'autre que toi, Louise Antonini ?

Le nom provoqua une décharge électrique sur l'échine de tous les gaillards de la salle. Une femme. Une femme se tenait là, vivante. Non pas une apparition, un ectoplasme, mais une masse de chair et de sang, quelqu'un que l'on pouvait enfin étreindre sans devoir subir les caprices de Dieu. Mais Louise Antonini, à l'annonce de son nom, dégaina sabre et pistolet, mettant au défi quiconque de l'approcher, ne serait-ce que d'un pas. Tous se figèrent.

— Pourquoi révèles-tu mon sexe à ces hommes ? lançait-elle à l'apparition qui riait doucement de sa farce malsaine.

— Pourquoi, à ton tour, n'es-tu pas restée dans le quartier des femmes ?

— Parce que nous avons vécu nos existences comme nous l'entendions, et que personne, qu'ils soient hommes, bêtes ou dieux, ne s'interposera jamais entre notre route et nous-mêmes.

Le compagnon de Louise Antonini venait de parler. C'était une voix à la fois chantante et maléfique, douce et cruelle. La voix d'une femme habituée à commander et à souffrir.

Un murmure grésilla dans la salle enfumée.

— La lionne des mers, Jeanne de Belleville...

La femme releva la capuche de sa pèlerine, dévoilant un flot de cheveux plus blancs que l'écume et un visage aux pommettes saillantes. Ses yeux se braquèrent sur l'apparition.

— Nous sommes venues, Louise et moi, tenter l'aventure que vous avez promise à ces manants...

— Mais, c'est impossible, vous n'êtes pas...

— Des hommes ? soupira Jeanne de Belleville. Nous avons vécu des vies d'hommes et nous revendiquons le droit de partager leur destinée.

L'apparition semblait grelotter sous son corset et ses jupons, plus encore du ton de la voix que du froid.

— Hé bien, je ne sais si...

— Ne cherchez pas à vous défiler, coupa la lionne des mers. Toutes les personnes ici présentes s'exprimeront tôt ou tard, cela n'est qu'une question de temps ou de préséance. Vous nous écouterez, que vous le vouliez ou non. Et puis, si cela vous enchante tant de vous vêtir et de vous dévêtir, vous jugerez, en votre âme et conscience.

Jeanne de Belleville releva un tabouret tombé à terre.

— Louise commencera, je suis lasse, fit-elle en s'asseyant.

— Très bien, maugréa l'apparition en se drapant dans sa pèlerine. Très bien, faites comme si je n'étais rien. Je vais vous écouter, comme tous les autres. Mais, à trop forcer votre destin...

— Vous n'êtes pas la première à m'avertir. Je ne risque rien. Taisez-vous donc, que Louise puisse nous raconter le début de sa vie.

Dans un sourire de défi, Louise Antonini s'empara de la bière aigre de La Buse, surpris et amusé, avant de commencer son histoire.

LORIENT

Qui se cache sous l'uniforme d'Antonini : Louis ou Louise ?

— Pas plus de dix minutes. Vous me le promettez ?

— Promis, ma sœur. Je ne la fatiguerai pas.

Le jeune homme s'approcha de mon lit, alors que je m'éveillais à peine. Il faisait clair. Le soleil baignait la grande salle de l'hôtel-Dieu. Tout cela avait un air angélique, avec ces draps blancs étendus entre les lits et ces larges fenêtres où jouait la lumière.

Le jeune homme s'assit sur une chaise, près de la tête du lit, et me passa une main sur le front. Sa paume était fraîche et douce. Je fermai les yeux. J'avais sommeil.

— Louise Antonini ?

— Louis Antonini ? murmura le capitaine en lissant sa moustache. C'est corse, ça, non ?

— D'origine, M'sieur. Mon père était d'Ajaccio. Ma mère, de Ploemeur. C'était une fille Le Boulc'h.

— Et tu veux être mousse, c'est ça ? Quel âge as-tu, mon garçon ?

Je rougis.

— Bientôt treize ans, M'sieur.

Le capitaine fronça les sourcils.

— Treize ans, vraiment ? Je t'en donnerais plutôt dix à

peine, à ta taille menue ! Dis-moi, manges-tu à ta faim ?

— Pas trop, M'sieur. C'est-à-dire, je suis obligé de mendier pour vivre. Ma mère est morte quand j'avais onze ans et mon père avait déjà disparu bien avant ça. J'ai été placé chez des gens, mais ils me battaient, ils me traitaient de bon à rien, alors…

— Alors, t'as fichu le camp, pas vrai ? Le capitaine renifla et regarda encore la feuille d'embarquement. Ah, je connais ça, je connais trop ça, même ! Moi aussi, je suis orphelin, sais-tu ?

— Je vous crois, M'sieur.

— J'ai été recueilli plus jeune que toi, chez des gens de bien, paraît-il. Des vrais salauds, oui ! Je trimais sous la cravache toute la journée pour à peine un quignon de pain noir et un baquet d'eau grasse. Dès que j'ai su un peu me débrouiller, je suis parti, moi aussi. Mais, fallait que j'gagne ma vie. Ne pas mendier. Tu comprends ?

— Hum, hum.

— Alors, donc, tu veux être mousse…

— Vous m'avez dit l'autre jour que vous aviez été mousse… J'ai vérifié dans les rôles de l'équipage de "La Cornélie" et… Madame Antonini ? Vous m'entendez, Madame ?

Madame. Madame. Qui appelait-il donc, ce jeune homme à la paume si douce ? Y avait-il une dame ici, et on ne m'avait pas prévenu ? Non, je ne voyais pas. J'aurais su. Je ne sentais qu'un vieil homme qui se mourait doucement dans un lit d'hôpital. Un homme avec peut-être plus de poitrine qu'un autre et pas de génitoires, mais un homme quand même.

— Madame Antonini, je sais que vous m'entendez. Je suis Étienne Sérac, journaliste au "Phare de la Loire". C'est le docteur Gerfaut qui m'a permis de vous parler. Je m'intéresse à vous, à votre existence. Je suis déjà venu, rappelez-vous. Voilà presque trois mois que je viens. J'aimerais écrire votre histoire pour mon journal. L'histoire d'une femme exceptionnelle, qui a combattu sous l'uniforme aussi bien sur mer que sur terre, au 70e de ligne, j'ai vérifié, vous aviez gagné le grade de sergent avant qu'on ne vous dévoile. Vous avez été prisonnière des pontons anglais. Vous avez même participé dans votre jeunesse au siège de Maëstricht, contre les Hollandais, en... En quelle année était-ce, au juste ?

— Quelle année, dis-tu ? 1771 ? À Ajaccio ? C'est ça ? Et le jour ? 11 octobre. Bon, je crois que le papier est dûment rempli, mon garçon.

Il griffonna quelques mots sur une feuille, signa et apposa son sceau. Quand il parla à nouveau, il ne releva pas la tête.

— Mais, rassure-moi, tu as le pied marin ? Tu as déjà navigué ? Tu es au courant de la vie à bord ? Du travail qui t'attend ?

— Pas trop, M'sieur. On m'a dit que c'était plutôt dur.

— Plutôt ? Le capitaine étouffa un rire sec, la tête toujours penchée sur la feuille. Mais c'est l'enfer, tu comprends ? L'enfer ! Tu es fluet, il faudra te remplumer vite fait, si tu ne veux pas crever sur ce navire ou sur un autre ! Rien que le voyage aller jusqu'à Saint-Domingue te coûtera, crois-moi, avec le scorbut possible ou la dysenterie, si le bosco s'est trop engraissé sur le prix des fournitures. Normalement, la Compagnie veille, mais enfin...

Il leva enfin les yeux et me regarda longuement, semblant peser le pour et le contre. Le silence soudain était plus lourd que l'air, que la chaleur de ce jour d'été.

— Et puis mousse, ce n'est pas drôle. Crois-moi sur parole, je l'ai été. Toujours les sales boulots, les brimades, les sévices même. L'équipage ne se compose pas de tendrons ! Ah, tu vas en baver, je te préviens...

Je m'approchai de lui, résolue. Je le fixai comme jamais avant je n'avais fixé quelqu'un.

— J'y arriverai, M'sieur. Sûr. Prenez-moi à bord. Faut que j'm'embarque, faut que je fiche le camp d'ici.

— Mon gars, ricana-t-il, pour avoir le feu au cul comme ça, t'as quelque chose sur la conscience, parbleu !

Le capitaine s'adossa au dossier de sa chaise et étendit ses longues jambes. Les rumeurs du quai d'Aiguillon nous parvenaient, étouffées par la porte fermée du bureau.

— T'es recherché, le môme? T'as tué quelqu'un, ou pire encore? Je suis prêt à parier que tu n'as jamais été placé dans une famille. Tu as dû vagabonder, traîner ça et là, voler peut-être...

— Par pitié, capitaine. Vous me la donnez, cette place, ou non? Je veux embarquer, c'est tout.

— Vous vouliez embarquer, mais pour quelle raison?

Je saisis la main du jeune homme. Il avait la paume si douce, si douce. Je la caressai du bout de mes doigts gourds. Lui se rétracta un brin, mais laissa encore sa main dans la mienne. Je voyais bien qu'il n'appréciait pas. Mais il était prêt à tout pour entendre mon histoire. La vie d'un homme né avec le mauvais sexe, celui d'une autre, quand tout en vous hurle à l'aventure et que l'on vous destine aux travaux des champs ou du ménage.

— Je voulais fuir mon beau-père...

— Ton beau-père t'a abusé, c'est ça, et tu l'as poignardé? C'est pour ça que tu fuis? Je répète ma question: est-ce qu'on te recherche? Réponds, c'est important. Je peux comprendre, tu sais. Ce que je n'aime pas, c'est le mensonge...

Le capitaine me contemplait d'un œil inquisiteur. Pas d'hésitation, non, dans son regard. Je le sentais, il allait me prendre comme mousse. Il en avait besoin. La place était libre. Personne d'autre ne s'était présenté. Le dernier mousse en date s'était jeté du haut du grand mât, au retour. Trop dur pour lui. Il ne supportait plus. C'est ce qu'on murmurait. "La Cornélie" devait repartir vers Saint-Domingue le soir même. Ses cales étaient remplies. L'équipage attendait. Ne manquaient plus que le mousse, et peut-être un ou deux matelots. On n'est jamais trop à bord, surtout quand le voyage est long et que le navire a mauvaise réputation. Non, dans son regard, se nichait une question: ce gamin me ment, c'est évident, mais pourquoi? Que cache-t-il donc?

Certes, il croyait à mon histoire, la vraie, pas celle que je lui avais brossée de prime abord. Étonnant comme cet homme perçait les cœurs. Alors, j'avais raconté. Difficile de faire autrement. Tout révélé de cette histoire sordide : la vie à la ferme, les coups, les regards vicieux que me lançait à table mon beau-père, ses mains lestes quand je trayais les bêtes. Il m'avait tant coursé depuis la mort de ma mère que je bénissais le ciel de n'avoir jamais été engrossé ! La dernière fois avait été la fois de trop. Alors qu'il se rajustait, après m'avoir coincée dans la grange, je lui avais perforé l'entrejambe avec une fourche oubliée dans une meule. Il avait hurlé comme un goret qu'on saigne, la fourche encore en travers du corps, et moi j'avais fui jusqu'à la ferme, volé ses vêtements, les plus beaux, ceux qu'il gardait pour la ville, l'argent que j'avais économisé sou à sou et de là, vers la mer. Le port. Lorient. À trois jours de marche de chez nous. Depuis, je mendiais. Je me cachais la nuit pour dormir. Je buvais l'eau des ruisseaux. Là, dans la ville nouvelle, du côté de Kerentrech ou de Keryado, dans les faubourgs, j'aurais pu trouver de l'embauche, blanchisseuse, servante d'auberge ou lavandière. Ce n'était pas le travail qui manquait. Mais ce n'était pas pour moi, tout ça. Pas pour moi, qui ne tenais pas en équilibre sur mes jambes. Mes pieds me démangeaient. Alors, il ne me restait plus qu'à embarquer ou à intégrer un régiment, comme tambour. Mousse, ça me convenait bien, malgré tout ce qu'on en disait. Ce ne sera pas pire qu'avec le beau-père et puis je savais me défendre.

— Vous vous êtes défendue baïonnette en main ? Et chargée ? Vous, une femme dans ce régiment d'hommes ?

— Brave petit, quand on a besoin de bras, on ne regarde pas à qui ils sont ! Oui, j'ai combattu dans cette fichue 28e demi-brigade d'infanterie de Sambre-et-Meuse ! Un ramassis de cloportes ! Et non, personne n'a jamais deviné mon sexe, sauf quand je le voulais bien…

Je serrai sa main plus fort. Il la tira vers lui avec rudesse et la dégagea, faisant mine de vouloir chercher sa montre dans son gilet. Je n'étais pas dupe. Si je n'avais pas eu si sommeil, mon agneau, si l'âge n'avait pas ceinturé mes reins, tu aurais vu, va, tu aurais vu…

— Il faut la laisser, maintenant, Monsieur Sérac, prévint soudain la sœur en posant la main sur l'épaule du journaliste.

Celui-ci sursauta, les yeux encore rivés sur mon visage couturé de rides. Celui d'un vieillard bien fatigué de sa vie de malheurs et d'aventures.

— J'allais m'en aller, ma sœur. J'allais m'en aller, s'excusa Sérac en se levant. Pourrais-je revenir dans quelques jours ?

— Laissez-passer la semaine, Monsieur Sérac. Madame Antonini est bien faible. Je crains pour sa santé.

— Justement, bredouilla le journaliste, empressé. Il me faut lui parler avant qu'il ne soit trop tard. C'est pour les besoins de mon journal...

— Je doute que ce soit votre journal qui la soigne, rétorqua sèchement l'infirmière. À présent, disparaissez ou même votre amitié avec le docteur Gerfaut ne vous ouvrira pas les portes de cette salle.

— Très bien, très bien, je m'éclipse.

J'entendis les pas de Sérac s'éloigner, puis revenir. Il parla à voix basse à l'infirmière, craignant sans doute que j'écoute.

— Elle a reçu une autre visite, oui. Une personne de Brest. Une femme, je ne sais pas son nom. C'était il y a trois semaines, je crois, oui, ça devait être le 5. Mais en quoi cela vous avance-t-il, franchement ? Que comptez-vous faire, maintenant ?

— Que comptes-tu faire, maintenant ? Embarquer ou rester à quai ?

Le capitaine me fixait toujours de cet air ambigu.

— Embarquer, répliquai-je sans ciller.

— Alors, signe là, mon garçon. Voilà ta paye, par avance.

Il me jeta une maigre bourse, me tendit une plume. Je la saisis, me penchai sur la table et marquai au bas de la feuille une croix, la seule chose que je sache écrire. À l'instant où la plume frôlait ma poitrine, il se leva et m'agrippa rudement les épaules.

— Bienvenue à bord, mon garçon. J'espère qu'on va bien s'entendre, toi et moi.

La plume en tombant souilla la feuille d'une gerbe d'encre.

Ne me dites rien ! minauda l'apparition, un brin jalouse, car l'attention que les marins portaient à Louise l'énervait. Le capitaine a abusé de vous durant le voyage, c'est certain.

— De tout ceci, maudit démon, tu ne sauras rien ! répliqua, à la place de Louise Antonini, Jeanne de Belleville. Ceci regarde d'autres âmes plus nobles que la tienne, moins promptes à juger et à séduire !

— Mais enfin, s'énerva l'apparition, je suis l'envoyée du Très Haut !

— Pour moi, tu n'es que l'émissaire du Diable. Ton médiocre petit jeu, comblant seul les âmes vulgaires, le prouve. À présent, tais-toi et laisse-moi parler…

HENNEBONT

Fin de règne pour la Lionne des mers, Jeanne de Belleville

Les rames frappaient les flots aussi implacablement que le sang dans mes tempes. Je fermai les yeux sous la douleur.

— Que me reste-t-il, Landemont ?

— Dans nos solitudes d'Ouest, ma Dame, quand un homme est confronté à son destin et que son destin est anéanti, il se pend.

— Et une femme ?

— Elle prend le voile et s'enferme dans quelque sombre couvent dont la porte claque sur elle comme une tombe.

Je repensais à ces paroles échangées quelques instants plus tôt avec Landemont, mon plus fidèle chevalier, dans la barque silencieuse qui nous ramenait au rivage. Notre nef venait de prendre feu à son tour, la dernière de tous nos bâtiments, ruinés l'un après l'autre par les Français. En grand nombre, par toutes les mers, la flotte royale de Philippe de Valois nous avait traqués. Plutôt que de fuir, et fuir encore, nous avions combattu de front. Et perdu. Le roi sonnait l'hallali de la "Veuve tragique", ainsi qu'il me nommait depuis l'assassinat de mon seigneur et maître.

Maudits Français sans honneur. Eux, c'était eux les responsables de cette lutte sanglante que je livrais à leurs vaisseaux et à leurs gens. Eux qui avaient tranché par vilenie la tête de mon époux, le fier Olivier de Clisson, malgré la trêve signée entre les Maisons de Montfort, partisan des Anglais, et de Valois. Devant le chef de mon mari exposé au vent et à la vindicte publique aux portes du château de Nantes, folle esseulée dans son manteau de deuil, j'avais juré vengeance. Et je la tins. Sur terre, par des assauts fougueux contre leurs demeures et leurs gens, sur mer enfin, contre leurs navires. Édouard III, roi d'Angleterre et allié de notre Maison, me confia trois de ses nefs que j'armais en dilapidant toute ma fortune. Jeanne de Belleville n'était plus. Jeanne, la noble, l'insouciante, l'heureuse épouse et l'heureuse mère de deux beaux jouvenceaux. Olivier, l'aîné, et Pierre, le cadet. Mon âme elle-même n'était plus, scindée en deux, elle aussi, à l'instant où le bourreau tranchait la tête de mon époux. L'épée remplaça alors l'aiguille, et les râles de mes ennemis les chants d'amour et les rires insouciants de l'enfance.

Le froid était vif, sur l'eau. Olivier, près du chevalier de Landemont, scrutait le large, en arrière. On n'apercevait plus rien du lieu de la bataille. Disparu, tout cela, comme en rêve, ma vie aventureuse. La brume avalait tout, le désastre et l'espoir, crachotant çà et là quelques lueurs sur la côte. Six jours, cela faisait six jours que nous dérivions sur l'océan, après que les rameurs se soient escrimés à nous éloigner de notre défaite. Six jours, et le corps de Pierre, glacé sous ma pèlerine, me semblait bien roide. Il était mort, j'en étais certaine, le cœur d'une mère ne se trompe pas. Pourtant, les yeux secs et la poitrine gelée, je le berçais encore avec tendresse, sa tête grêle reposant sur mon sein.

Devais-je infliger mon combat à mes fils? Les soustraire de ces années de lutte et de vengeance, au risque de les perdre, comme leur père? De les voir capturés par l'ennemi, monnayé contre ma reddition? Je ne le pouvais. Il fallait que le destin s'accomplisse, ce destin de misère et de fièvre qu'il me fut donné de connaître.

Dans la cohue, parmi le fracas des haches et les râles de souffrance des marins, j'avais craint pour leur vie. À croire que pour Dieu tout était joué d'avance sur l'échiquier du monde. Sur le seul constat de notre défaite, alors que les troupes françaises envahissaient en hurlant notre pont, nous avions fui. Bellow, l'Anglais qui commandait notre nef, un homme de cœur et de courage, protégeait nos arrières. Mais, Seigneur, le protégiez-vous, lui ? Il succomba dès le premier assaut, éventré par une hallebarde. Je n'en sus pas plus. Nous devions profiter de la débandade des nôtres, de la rage aveugle des Français, de la fumée, du feu, de la nuit, pour camoufler notre fuite.

En plus du chevalier de Landemont, de mes enfants et de moi-même, quatre marins avaient pris place dans le batelet. Quatre gaillards qui, à grand renfort d'avirons, nous avaient éloignés des combats. "La lionne de Clisson", comme cette engeance française me surnommait aussi, avait abdiqué, rogné elle-même ses griffes. Il ne lui restait plus qu'un seul lionceau encore en vie. Je fis signe à Olivier de s'approcher et le couvris de ma pèlerine. Ses yeux contemplaient sans trembler son frère mort, comme assoupi.

— Olivier, lui murmurai-je, tu portes le nom de ton père, et l'honneur des tiens dans ton sang.

— Oui, mère. Je le sais.

— Nous débarrasseras-tu de la Maison de Valois, et de ses infâmes partisans ? Ces ladres qui ont condamné ton père à la décollation ?

Il ne répondit rien, inclinant docilement la tête sur sa poitrine. Je l'enserrai de mon bras.

— Mon petit, mon doux petit…

— Je ne suis pas petit, mère, j'ai près de huit ans. Je suis presque un homme…

— Tu as déjà vu tant de crimes et d'atrocités, mon enfant. Tu te crois grandi, alors que ce n'est que l'honneur qui fait bouillir ton sang. Le temps viendra, bien tôt hélas, où tu seras appelé à défendre ton rang…

— C'est pour vous que je me battrai, pour vous seule, avoua Olivier en levant les yeux vers moi, des yeux emplis de fièvre, de soif et de faim. Lui aussi allait succomber à cette rage qui habitait notre lignée, si nous ne touchions pas rapidement terre.

— Te rappelles-tu, Olivier, les abordages et les batailles ? lui demandai-je en fixant l'horizon. Te rappelles-tu la grandeur de notre dessein, la ferveur de notre croisade ?

L'enfant blottit contre mon épaule la chaleur de son corps, comme un appel à la vie. Des larmes silencieuses ruisselaient de mes yeux.

— Oui, je me souviens. Comment l'oublier, mère ? Je me souviens de vous, sur le château arrière, qui nous teniez la main, à mon frère et à moi-même, pour que nous contemplions le combat, sans frémir. Je vous regardais. Vous étiez belle, mère, vous l'êtes toujours. Les anges vous drapaient dans la pourpre du couchant. Vos cheveux claquaient au vent comme une bannière et votre épée brillait de l'éclat du calice...

— C'était une mission sainte, un pèlerinage. Nous devions venger ton père, Olivier.

— Et nous l'avons vengé, assurément. N'est-ce pas, mère, n'est-ce pas que nous l'avons vengé ?

L'enfant hésitait, doutait. La tâche qui l'attendait lui semblait trop grande, la croix trop pesante à soulever. Pourtant, il le fallait, il fallait que mes fils poursuivent mon grand œuvre, il fallait qu'ils fassent payer aux Français cette douleur qui creusait mon cœur depuis la mort de mon époux. Nulle femme, fut-elle la plus aguerrie, ne peut supporter l'absence d'un être cher. Son cœur entre au sépulcre, sa raison prend le voile du deuil. Et ses yeux jamais ne trouvent le repos, cherchant partout, sur chaque visage, les vestiges de l'amour.

Cette rage de vengeance me faisait tant frémir, l'absence me pesait tant que parfois, la première, je sautais sur le pont ennemi, ma flamberge en main pour occire, occire encore. À chaque corps qui tombait, abattu de ma lame comme un bûcheron couche des arbres, c'était une larme de moins dans l'océan de mon malheur. À présent, je me noyais dans mon chagrin. D'abord un mari, puis un fils. Le ciel ne m'épargnait guère. Alors, peut-être, oui, Landemont avait raison, seul le chant des nonnes me tiendrait lieu de souffle et les cloches du couvent de battements de cœur.

— Nous approchons de la côte, lança soudain le chevalier. Plus la peine de nous cacher, hissons enfin la voilure. Je crois reconnaître une terre amie.

— Oui, moi aussi, je reconnais l'endroit, fis-je, soulagée et triste. Cette grève appartient aux nôtres, à la Maison de Montfort. Ils nous protégeront.

Les marins, heureux de la fin de leur calvaire, hissaient déjà la voile latine de l'esquif. Les vents s'étaient levés, des vents de côte qui nous drossaient vers le rivage et déchiquetaient la brume de leurs crocs invisibles.

Dans mes bras, sous ma pèlerine trouée, sommeillait Olivier à côté de son frère mort. Le deuil, je ne connaîtrais jamais que le deuil et l'infortune. Le chevalier de Landemont se rapprocha.

— Je vous devine contrit, ma Dame. Penseriez-vous à mes paroles ?

— Si fait, doux Sire. Je songeais à la mansuétude de Dieu.

— Par la malepeste, jura le chevalier, mais jeune vous êtes encore, et belle, aussi désirable qu'un homme puisse l'espérer.

J'esquissai un pâle sourire.

— Et qui s'enticherait d'une paria, noble déchue et mauvaise mère, sans fortune, sans appui d'aucune sorte, indigne de la vengeance qu'elle s'était promise…

— Ma Dame, il est bien des seigneurs pour qui le nom de "la Dame de Clisson" fait éclater le cœur, comme l'eau le rocher…

— Et à qui songez-vous, mon ami, en ces heures funestes ?

— Les partis ne manquent pas, et je me ferai fort, une fois à terre, de vous présenter des prétendants… Il est vrai que je pensais à un homme de mes amis, un seigneur anglais, Gautier de Bentley…

— Ne tient-il pas seigneurie en Hennebont ?

— Si fait, ma Dame, fit Landemont, surpris. Le connaissez-vous ?

— S'il s'agit de ce nabot, contrefait et bossu, je le connais, oui. Donner mon âme à Dieu ou à cet homme, que m'importe. “La lionne de Clisson” agonise. Laissez-la s'éteindre en paix.

Aucune autre parole ne fut prononcée avant que notre esquif ne touche le rivage. Déjà, les gens des Monfort, prévenus de notre déconvenue, venaient nous apporter secours. On fit creuser un trou à même le sable de la grève et j'y posai le corps de mon fils défunt, en même temps que les regrets de ma vengeance inassouvie.

J'aime beaucoup la fin, persifla l'apparition en toisant la Lionne de Clisson. Vous auriez dû écrire des tragédies…

— Moquez-toi, engeance, peu me chaut ! Mon histoire est ce qu'elle est, je ne la changerai point, hélas !

Tout cela tournait à l'aigre et l'assemblée s'en effrayait. Même Louise Antonini, par une pression sur l'épaule de sa compagne, tentait vainement de la calmer.

— Peut-être dit-elle la vérité, murmura la corsaire à l'oreille de Jeanne, peut-être peut-elle réellement sauver l'un d'entre nous de ce lieu de débauche ?

— De tout cela, je ne sais rien, soupira tout bas la Lionne. Et puis confesser mon drame à cette furie m'a lassée. Je pars me reposer. Et toi, que fais-tu ?

— Je reste. Je voudrais entendre la fin de cette histoire, savoir si quelqu'un vraiment sera élu. Qui plus est, j'ai suffisamment vécu parmi les hommes pour n'avoir peur d'aucun d'eux.

Réajustant sa capuche sur ses cheveux d'argent, Jeanne de Belleville se leva alors et, sans une parole, ni un regard, se dirigea vers la porte. À peine avait-elle disparu que déjà l'apparition rejetait sa pèlerine.

— Mes hommes, je suis à nouveau tout à vous. Alors ? Qui veut parler, soulager son âme ? Qui veut encore me dévêtir ?

Elle lança des regards avides autour d'elle, mais nul n'osait seulement interrompre le silence. Brusquement, un hurlement de joie, poussée par un certain Étienne Pellot, de Bayonne, jaillit pourtant, clouant la langue de tous les autres au fond de leur bouche.

— Lui, là, tiens, gloussa le corsaire en désignant un vieillard recroquevillé dans un coin, à même le sol. Lui, il va bien parler, pardi ! Hé, toi, Jacques Cassard, de Nantes, parle fort, vas-y, quelqu'un veut t'entendre...

NANTES

Jacques Cassard en pleine crise de démence

...Et les voilà qui me prennent mon honneur et mon or mon honneur plus que l'or mon or mon cher or mon dieu c'est assez de souffrance cette balle dans le talon mais me rendront-ils raison ces ladres faquins je leur dis je ne suis pas responsable de la perte de ce million de livres que vous me réclamez ils me répondent Monsieur Cassard oui Monsieur Jacques Cassard qui êtes né dans la fange de La Fosse à Nantes alors que peut-être tout n'était encore qu'un atelier de carénage avant de devenir le lieu où s'exhibent les armateurs les plus riches fortunes échafaudées sur les bras des nègres coincés par deux à deux dans les soutes tout ce bois d'ébène qu'il était facile d'écouler aux colonies mon Dieu tant de souffrance devoir supporter cela allongé sur sa couche commander l'assaut de Willemstadt couché couché c'est insensé pareil à mon maître de Pointis mais de Pointis lui c'est Carthagène et ce n'était pas le talon mais les jambes de Pointis en fauteuil qui reçoit les clés de la cité du gouverneur même dieu quel spectacle j'avais dix-sept ans mon Dieu ces créanciers vont me rendre fou et voilà qu'ils m'enferment ils m'enferment dans cet asile Notre-Dame-des-Vertus ils me croient fou ils me croient fou fou fou JE NE SUIS PAS FOU JE VEUX SEULEMENT JUSTICE il y a trop de voix dans ma tête tous les juges tous les créanciers se liguent contre moi ils ne voient pas que je viens de passer deux ans hors de France deux ans perdus deux vaisseaux gagnés un butin considérable non eux ce qu'ils voient ce ne sont que des dettes des dettes que j'aurais accumulées alors que ce sont eux eux qui refusent de me payer d'abord une année je viens lever le blocus anglais qui condamne leurs vaisseaux leurs vaisseaux chargés de blés ils crient famine ils ont faim je viens les sauver je risque ma peau mon vaisseau est troué de part en part huit fois au moins je parviens non sans mal à regagner le port deux jours après leurs vaisseaux chargés jusqu'au plat-bord de blé et eux eux ils soutiennent ils mentent ils soutiennent ces navires sont rentrés tout seuls vous n'y êtes pour rien vous ne les escortiez pas pourquoi nous donnerions-vous de l'argent en récompense je leur assure que c'est moi moi seul qui ait agi les Anglais faisaient barrage et alors les Marseillais sont de fieffés menteurs ils me répondent et alors allez vous faire payer par eux je tremble de rage je les hais ils n'accordent aucun mérite à la parole donnée je dis je viens à nouveau pour acheminer le blé et le blé est là ils ricanent ils se moquent je les traîne devant les juges et les juges même ne font rien je ne suis même pas appelé à la barre pour me défendre rien rien je hais les gens du sud leur faconde ils ricanent je les entends ricaner HA VOUS RICANEZ HEIN HE BIEN RIEZ RIEZ MESSIEURS RIEZRIEZRIEZHAHAHAHAHA JACQUES CASSARD DE NANTES VOUS CRACHE AU VISAGE vous ne valez pas mieux que des porcs même vous gens de la cour et même le roi le bon roi Louis et surtout cette odieuse boursouflure de Fleury avec sa panse gonflée comme un beaupré qui ne fait rien pour m'aider rien après tout ce que j'ai fait pour le Royaume et pis il me jette en prison en prison dans une geôle du château d'Ham la peste la malepeste le faquin JE HAIS LES MINISTRES DE LA MARINE ET DE LA GUERRE AHAHAHA ils n'ont aucune valeur aucune valeur mon oncle m'avait prévenu ne te fie à personne qu'à Dieu oui Dieu ah le Très Haut gloire et souffrance je suis comme lui je souffre et ma gloire est ternie par celle des marchands du temple l'abbé mon oncle l'abbé mon si bon Nicolas Cassard me répétait tendrement de me méfier et même ses coups de badine sur mon dos m'étaient doux quand je m'enfuyais sur des gabarres volées pour explorer les 106 îles de la Loire une à une ah oui quel souvenir presque aussi beau que mon premier voyage vers les îles et la surprise du gouverneur de Paramaribo qui folâtrait sous mon mât de beaupré ahahaha les souvenirs sont plus doux sur la langue que le vin ahahaha je finirai bien par les écarter ces maudits barreaux j'ai de la force hiiiiiiiiii je tire ça résiste ça ne résistera pas longtemps je vous serre barreaux vous êtes comme des cous les cous de mes créanciers les écritures illisibles des huissiers qui vous brandissent des feuillets et des feuillets de procédure qu'on a tant de peine à lire qu'on croit devenir fou JE NE SUIS PAS FOU PAS FOU JE VEUX LA JUSTICE C'EST MON DROIT MON DROIT VOUS M'ENTENDEZ JE SUIS LE GRAND JACQUES CASSARD QUI À LUI SEUL A FAIT PLUS ET TANT QUE LES DUGUAY-TROUIN ET CONSORTS PONTCHARTRAIN M'APPUIENT LIBÉREZ-MOI libérez-moi c'est une erreur c'est une erreur je suis Jacques Cassard de Nantes, je suis né le 30 septembre 1679 j'ai 54 ans je ne veux pas mourir dans cette geôle entre quatre murs sans horizon j'ai besoin de respirer la mer je vous en prie j'annule mes procès je vous paierai les lettres de créance mais de grâce de grâce laissez-moi reprendre la mer je sais où trouver l'or l'or qui me manque aux Antilles j'ai laissé des ordres des instructions mes navires vont sillonner à nouveau l'océan je gagnerai vous verrez je suis Jacques Cassard je ne suis pas fou je ne suis pas fou je ne suis pas...

C'est bon, c'est bon, Jacques Cassard, tais-toi, on a compris, on va tâcher de te rendre justice !

Le vieillard, qui s'était soudain dressé debout en hurlant, regarda fixement Pellot et se rassit à terre en marmottant.

— C'est cruel, l'ami, de tancer les fous ! fit L'Olonnois, la robe rubis en lambeaux autour de la taille. Si j'ai bien compris son histoire, ce serait les gens de l'Amirauté qu'il faudrait houspiller, non lui !

— Tout cela, c'est de sa faute, se rembrunit Pellot en désignant la Belle Dame du doigt. Elle exacerbe nos rancœurs et nos haines et nous pousse au désarroi.

— Quelles menteries insinuez-vous là, Maître Pellot ? C'est vous qui avez incité ce pauvre homme à parler ! Je ne suis pas la mégère que prétend Jeanne de Belleville. Je comprends la souffrance et pour preuve, j'offre un de mes jupons à ce vieillard.

Elle détacha une de ses jupes, fin morceau de flanelle, et le lança dans les airs, en direction de Cassard. Avant même qu'il ne tombe à terre, un des hommes de l'assemblée s'en était déjà saisi. Il le fourra d'autorité dans la main du vieillard, toujours marmottant.

— Pour une telle preuve de bonté, ricana L'Olonnois, moi aussi, je suis prêt à vous raconter mes aventures, aussi peu glorieuses qu'elles soient !

— Vous avez déjà ma robe, joli pirate, il vous faudrait en plus les jupons ? Parlez, parlez, nous verrons quel châtiment vous réserver pour votre impudence !

LES SABLES-D OLONNE

Une chasse-partie de mauvais augure pour Nau L'Olonnois

Plusieurs tonnelets de rhum avaient été mis en perce. Des tables avaient été dressées, les coffres descendus des navires et les équipages mandés à terre. Tous étaient à présent assemblés. Un pesant silence régnait. Un boucan fumait non loin, chargé de viandes. Les hommes guettaient le festin. Mais plus encore le partage, selon ce qui était convenu dans la chasse-partie, avant l'attaque de Maracaïbo et de Gibraltar. Une fortune à répartir entre tous, près de 500 000 écus, si l'on comptait le transport de tabac que j'avais arraisonné et le "Bois d'ébène".

Le Basque était à mes côtés, comme de juste. Il y avait Vauclin, mon second, et Dupuis, un pays auquel j'avais confié le commandement d'une barque. Pierre, surnommé "le Picard", était là aussi, que je n'aille pas l'oublier. Maracaïbo nous avait livré ses richesses. La plus belle prise jamais raflée par flibustiers.

Si j'avais été seul, la soif de l'or m'aurait même conduit jusqu'à Mérida, à une quarantaine de lieues de Maracaïbo, dans les terres. Mais l'endroit était malsain et la maladie minait les hommes. Les mouches voltigeaient déjà autour des cadavres des Espagnols que nous avions massacrés en prenant la ville. Les compagnons avaient refusé en bloc. Je m'étais incliné. Nous avions juste poussé, Le Basque et moi-même, accompagnés de quelques compagnons précieux, jusqu'à Gibraltar, la retraite des notables de Maracaïbo. Un fortin encaissé dans un marais. Les Espagnols connaissaient leur affaire. Avant même le pillage de leur cité, ils s'étaient réfugiés là, avec toute leur richesse et leur bedaine pansue. Et ils nous attendaient, canons tournés vers la seule issue possible, une mer de boue où le moindre pas vous plongeait dans la vase jusqu'au genou. Tout autour du fortin, les Espagnols avaient abattu des arbres, hérissé des défenses infranchissables. C'était de front, ou rien.

Nous tombâmes d'accord, Le Basque et moi, de ne pas rebrousser chemin. D'après Romero, un des prisonniers qui nous avait conduits jusque-là, les Espagnols étaient affaiblis, c'était le bon moment d'attaquer.

— De toute façon, nous serons à court de vivres, si nous rentrons bredouille, murmura Le Basque en se grattant la barbe de la pointe de son couteau. Il y a trois jours d'ici à Maracaïbo...

— Trois jours de trop, je le pressens, acquiesçai-je. Voilà ce que je propose. Mais c'est suicidaire, je te préviens.

— Vas-y, je t'écoute.

Avec un bâton, je traçai des croix dans la terre meuble du campement.

— Les Espagnols ont posté six pièces de canon sur la terrasse de leur fort, ici, ici et ici. D'accord?

— Je vois.

— Il y a tout cet espace à franchir, là, entre le premier gabion et le fort. Cela me semble aisé. Juste quelques balles de mousquet à éviter. Par contre, dès le gabion pris, nous serons sous le feu de leurs canons chargés de mitraille. C'est là que nous risquons le plus de perdre des hommes.

Le Basque écoutait sans mot dire, jouant toujours avec son couteau, qu'il fichait en terre et reprenait en main, inlassablement.

— Romero, cria-t-il en relevant la tête, crois-tu vraiment que ces drôles-là aient amené leur or avec eux?

— Vous avez vraiment besoin que je vous réponde, rétorqua le prisonnier, un sourire aux lèvres.

— Alors, fit Le Basque, c'est la seule solution, L'Olonnois. La seule, tu as raison.

— Pour ma part, je suis prêt à risquer ma vie en première ligne. L'enjeu est trop grand.

— Combien peut-on mettre d'hommes côte à côte sans qu'ils se gênent ? demanda Le Basque en me regardant.

— Six, pas plus.

— Et la vase ? Tu y as pensé ? Les Espagnols comptent dessus pour nous tirer comme des faisans.

— La vase, répliquai-je en reniflant de mépris, j'en fais mon affaire. Commande à cent de nos hommes d'aller tailler des branchages dans la forêt. Nous nous en servirons pour soutenir notre avancée.

C'était un plan insensé, quand on y songe. Mais c'était le seul. L'unique furie de nos cris nous protégea quand l'Espagnol répliqua à notre charge. Peut-être aussi étions-nous si lassés de nos vies, si affamés de notre liberté, que mourir là ou ailleurs nous importait peu. L'existence est peut-être le seul enjeu possible pour celui qui n'a plus rien à perdre mais court après une vie de plaisirs et d'ivresse. Nous étions ivres de la bataille, du crachat de nos pistolets, du tranchant de nos lames. Le premier gabion céda sans peine. Peu de compagnons moururent. Mais la traversée jusqu'au fort nous coûta beaucoup. Beaucoup. J'étais en première ligne avec Lousseau, de Calais, et le Père Tabac, un bon drille qui causait toujours, même dans son sommeil. La mitraille les faucha tous deux à trois encablures à peine du pied du fort. "Allez, mes frères !" hurlai-je aux autres, la rage au ventre et les yeux fous. "Sus à ces chiens ! Tuez-les tous et si je tombe, continuez !"

Embourbés jusqu'à la tête, malgré les branchages jetés sous nos pieds, nous parvînmes néanmoins à nous emparer du fort. Dans nos rangs, cent hommes au moins avaient succombé. L'Espagnol en avait perdu le double et se rendait. Nous n'en avions cure, de leur reddition. Ils avaient tué trop de bons camarades pour que nous les laissions en paix. Après des tortures infinies, ils avouèrent enfin où se cachait leur or. Ces bougres l'avaient caché dans la forêt, dans des trous ou des souches creuses. Nous les massacrâmes jusqu'au dernier, y compris le gouverneur de Mérida, un bon soldat pourtant, héros de la guerre des Flandres.

Une fois enterrés nos morts, nous repartîmes vers Maracaïbo. Là, j'ordonnai d'engranger dans les cales toutes les richesses dérobées. Des joyaux précieux et ciselés jusqu'aux scories de l'argent rompu, estimé à dix écus la livre, en passant par les croix, les cloches, les statues et les retables des églises de Maracaïbo. Avec tout ce bric-à-brac, on construirait bien une chapelle sur l'île de La Tortue, va!

Trois jours plus tard, nous prenions la mer, en direction de La Tortue, le repaire sacré des flibustiers. Seulement, il s'écoula bien encore deux semaines avant que nous nous accordions sur une escale propice au partage. Un endroit à la fois calme et plaisant, où nous pourrions faire des vivres et de l'eau sans souci. Voilà pourquoi nous étions tous réunis sur cette plage déserte de Saint-Domingue. Voilà pourquoi tout le monde attendait en silence, en songeant déjà à l'usage de sa part de butin. Quelques-uns de la troupe, parmi les plus avisés, investiraient le tout dans le négoce des vins, dans un navire en partance vers la France. La plupart, dont j'étais, risquerait le tout dans les filles, l'alcool et le jeu, jusqu'à user le fond de leurs poches à dénicher la moindre pièce encore vaillante.

Je contemplai l'assemblée. Le soir était tombé depuis longtemps et la nuit était douce, comme à l'accoutumée sous les tropiques. Les torches grésillaient sous le vol des insectes et jetaient des lueurs riantes sur les coffres ouverts et les draperies étalées devant les tables. Parqués dans un coin et enchaînés les uns aux autres, les esclaves attendaient eux aussi de connaître leur nouveau maître.

— Compagnons, criai-je à l'assemblée, vous avez été valeureux et unis dans le combat! Michel Le Basque et moi-même, Nau L'Olonnois, sommes fiers de vous! Jamais association ne fut plus fructueuse! Frères nous sommes, frères nous resterons. Et que ceux qui veulent s'y opposer soient maudits!

Un hurlement carnassier s'éleva en réponse et disparut aussitôt.

— Avant de festoyer, poursuivis-je, et de célébrer la beauté des filles de La Tortue (plusieurs rires fusèrent, qui me firent plaisir), nous allons procéder au partage, comme convenu avant l'assaut. Mais d'abord prêtons serment.

Je me tournai vers La Tonsure, un moine défroqué. Outre les saintes écritures et les sacrements, ce Bourguignon, fils d'un marchand drapier, savait lire et écrire mieux que toute la compagnie assemblée. Il avait consigné sur plusieurs feuilles de parchemin notre chasse-partie.

— La Tonsure, prête-moi ta Bible, veux-tu?

— Ne va pas cracher dessus comme l'autre fois, soupira-t-il en me la tendant.

— Que vas-tu encore inventer, l'ami!

D'un regard, je fis venir près de moi les autres capitaines. Nous posâmes tous notre main droite dessus la Bible et jurâmes en chœur que nous ne possédions plus rien dans les cales de nos navires, que tout était maintenant entreposé là, devant nous, pour servir à tous, que quiconque faillirait à ce serment le payerait de sa vie. Pour sceller notre pacte, nous bûmes enfin à la même coupe une gorgée de rhum.

— À vous, à présent, compagnons de fortune, de renouveler votre serment à la communauté. Jurez, vous aussi, que vous n'avez rien gardé de vos prises, que tout est là, pour servir à tous! Et buvez!

Tous les hommes, du vieux gabier édenté au mousse à peine pubère, s'approchèrent un à un, solennels et émus. Je ne sais pourquoi, je faisais plus confiance à cette bande de soudards, d'assassins, de bannis, de nobles déchus, de prêtres défroqués, de marchands insolvables et d'aventuriers qu'aux arrêts de la justice royale ou divine. Mes yeux, cependant, ne pouvaient s'empêcher de glisser d'un visage à un autre, afin de déceler sous les paroles la ruse ou la tromperie. Le Basque et moi étions du même avis ainsi que bon nombre de nos compagnons: pour que nous résistions à ceux qui nous pourchassaient sans trêve, pour que notre communauté se perpétue, il fallait que tous s'entraident, donnent aux autres ce qu'ils avaient eux-mêmes glané. Et que ces richesses soient divisées en parts égales. Il n'était pas là question de charité ou de justice, plutôt de fraternité. C'était la loi tranchante, impitoyable, souveraine des “Frères de la côte”.

Soudain, mon œil fut saisi par l'éclat vif d'une émeraude, pendue en lavallière au cou d'un colosse. La poitrine nue de l'homme était couturée de cicatrices. Autour des stigmates et des souvenirs, le bijou brûlait.

Au moment où il s'empara de la coupe pour boire à son tour, je glissai la pointe de ma lame entre sa peau et le cordon qui retenait l'émeraude.

— Dis-moi, l'ami, susurrai-je, où as-tu déniché ce bijou ?

Le colosse reposa sans me répondre la coupe et me regarda sans ciller.

— C'est un souvenir de ma mère. Je le porte depuis toujours.

— Mensonge ! hurlai-je, mon sang en fusion dans mes veines.

Et sans réfléchir, mon sabre se leva et s'abaissa en travers de sa gorge. Le coup fut si rude et l'élan si puissant que la lame trancha net les chairs. La tête du colosse valsa dans l'air et retomba à trois pas. Le reste du corps s'affaissa d'un coup devant la table, comme un chêne qu'on abat.

Une rumeur enfla dans l'assistance pétrifiée.

— Il suffit, criai-je pour ramener le calme, ce gaillard était un voleur et un parjure ! Il a eu le sort qu'il mérite !

Le Basque tambourina de son énorme poing sur la table, tandis qu'avec la crosse de son pistolet Vauclin l'imitait. Le silence revint peu à peu. Dans la file des hommes qui venaient prêter serment, quelques marins jetèrent subrepticement dans les coffres ouverts qui une bourse d'or, qui un bracelet d'argent ciselé, qui encore un bijou ravi à la prise. Le châtiment avait marqué les âmes et les consciences. Je soupirai, pensant que seule peut-être était possible la justice par l'épée et que la fraternité était vaine sous Ces latitudes ou sous d'autres.

Quand tout fut achevé, que chacun eut regagné sa place, je me tournai vers La Tonsure.

— Commençons le partage. D'abord les blessés. Sont-ils nombreux?

— Plus d'une centaine, fit La Tonsure en consultant ses registres, j'ai là leurs noms.

— Le premier?

— Bécard, Hyacinthe. A perdu sa main droite dans l'assaut du fort de Gibraltar.

— Qu'il s'approche!

L'homme, son moignon bandé, s'approcha docilement.

— Est-ce toi, Bécard?

— Si fait, messire Nau.

— Hé bien, selon la chasse-partie que tu as signée avec ton compère Lavaret, c'est ça?..

La Tonsure opina, le doigt posé sur la ligne du parchemin.

— Lavaret est mort dès l'entrée de Maracaïbo, messire Nau...

— Hélas! La Tonsure, ce Lavaret avait-il des possessions?

— Dix écus et une blague à tabac, soupira le moine, c'était là toute sa fortune, si j'en crois ces registres!

— La belle affaire! ricanai-je. Parbleu, te voilà riche, l'ami! En sus, tu as le droit, outre ta part de butin, à un dédommagement pour ta blessure. Tu étais droitier, non?

— Gaucher.

— Décidément, la chance t'a souri, l'ami, me moquai-je encore en lui tapotant l'épaule. Alors, choisis, préfères-tu deux cents écus supplémentaires ou deux esclaves?

— Deux esclaves, répondit Bécard sans réfléchir davantage. Comme ça, ils remplaceront ma main perdue. Je vais cultiver la canne à sucre, je crois.

— Ils disent tous ça! m'esclaffai-je. Mais va, je vous connais mes gaillards, je suis comme vous. D'ici à La Tortue, tu auras déjà revendu tes deux bonhommes à un autre pour un cruchon de méchant rhum! Allez, suivant!

La Tonsure égrena ainsi des noms une partie de la nuit. Une fois les estropiés, les blessés, ainsi que les chirurgiens des différents bords dédommagés et les possessions des morts réparties entre tous, nous nous attaquâmes au gros du butin. Les esclaves restants furent vendus aux enchères et les sommes recueillies remises au pot commun. En tant que capitaines, Le Basque, Vauclin et les autres conservèrent les navires pris à l'ennemi, certains plus valeureux que les nôtres. Le transport de tabac me fut octroyé, ainsi que son chargement et une dizaine d'esclaves de tous âges. Chaque matelot, à tour de rôle, reçut équitablement son lot. La fête commença dans l'ivresse et s'acheva avec la dernière goutte de rhum. Le colosse fut enterré à la hâte, sa tête sur la poitrine, son émeraude autour du cou. J'appareillai alors avec les autres dans les lueurs de l'aube, direction La Tortue.

Le sieur d'Ogeron, le gouverneur de l'île, vint lui-même nous accueillir au port. Son franc sourire, comme celui d'un père récompensant ses enfants, réchauffait le cœur.

— Hé bien, hé bien, Messieurs L'Olonnois et Le Basque, je vois que votre mission s'est couronnée de succès !

— Plus que nous l'espérions, votre grâce, répondit Le Basque en s'inclinant.

— Ah, voilà qui va redorer le blason de la France ! soupira d'aise Ogeron en se frottant les mains. Les Espagnols, grands dieux, vont nous craindre comme personne ! Mais je parle, je parle, vous devez être harassés de fatigue et pressés de boire ! Nous nous verrons demain après souper. Je dois vous entretenir d'une cargaison de chocolat que je suis assuré de vendre en France et qui, pour l'heure, végète dans mes magasins. Vous me verserez alors ma part.

— Ce sera avec le plus grand plaisir, monsieur d'Ogeron, répondis-je en m'inclinant à mon tour.

Nous prîmes congé du gouverneur. Fortune me souriait enfin, après tant d'errements et de malheurs. Bien avant de m'allier au Basque, bien avant de fomenter l'expédition de

Maracaïbo, j'avais déjà perdu deux navires, dont un armé par l'ancien gouverneur de La Tortue, Monsieur de La Place. J'avais été capturé par l'Espagnol et m'étais maculé de sang, allongé parmi les cadavres pour échapper à ses geôles infamantes. Mon seul courage m'avait sauvé.

Les équipages des différents navires nous avaient devancés à la taverne. Le Basque mit sa large main sur mon épaule.

— À présent, chacun pour soi, L'Olonnois! s'exclama-t-il en riant. La gueuse de La Tortue est plus retorse que l'Espagnol et vous pille bien mieux de votre bourse que l'Anglais!

— Tu parles d'or, l'ami! Mais, n'aie crainte, nous avons de quoi les satisfaire!

Et, dans un fort éclat de rire, nous pénétrâmes dans la fumée qui servait de lumière au bouge. Ce n'est que des heures plus tard que je regagnais ma case, ivre mort, une fille à chaque bras et une gourde de bière aigre en main. Dans l'obscurité, deux yeux m'épiaient. Ceux d'une vieille esclave noire, dont j'avais hérité en plus de mon lot.

— Hé, femme, maugréai-je en titubant, que fais-tu là? Tu devrais être avec les autres, à dormir!

— Je t'attendais, L'Olonnois.

— Elle m'attendait, c'est comique, ricanai-je en m'adressant aux deux filles tout aussi ivres que moi. Et pourquoi, je te prie?

— Je devais te prévenir. Tu cours un grave danger.

Ces paroles, prononcées d'une voix rauque et feutrée, me dégrisèrent tout net. Je songeai à une conspiration que, peut-être, cette vieille eut surprise. Et, loyale, comme tout bon esclave qui se doit, elle avait guetté mon retour pour me la révéler au plus tôt.

— Allez réchauffer ma couche, maudites donzelles, éructai-je en giflant de la main la croupe des filles.

Celles-ci s'esquivèrent sur un rire en me délestant de ma gourde. Je m'accroupis alors près de la vieille.

— Fais vite, dis-moi ce que tu veux. Je dois être bien sot de laisser filer si appétissantes putains pour une loque comme la tienne.

— Tu es en danger, L'Olonnois. Les cauris ne se trompent pas.

— Les cauris ? Ah, damnée sorcière ! Et c'est pour cela que tu m'attendais ? Pour me raconter les présages de tes foutus coquillages ?

Elle se tut un instant, puis reprit la parole. Je discernais presque un sourire sur ses lèvres, ou était-ce le jeu des ombres ?

— Ne te moque pas des cauris. Grand est leur pouvoir. Mon ancien maître le savait, qui me questionnait sans cesse.

— Alors, l'interrompis-je tout en cherchant ma blague à tabac dans la poche de mon gilet, qu'est-ce qu'il me réserve, le destin ? Un galion espagnol chargé d'or ? Une autre cité à piller ?

— La mort, L'Olonnois. La mort. Si tu persistes à te moquer de ton destin, à ne pas te fier aux signes, tu mourras...

— Mais, nous mourrons tous un jour, vieille folle, répliquai-je en haussant les épaules.

— Tu mourras dévoré, après avoir été cuit dans une marmite, à l'étouffée...

Je blêmis. Comment savait-elle ? Comment connaissait-elle l'existence de ce cauchemar que je faisais nuit après nuit depuis que j'avais décapité au sabre ces marins espagnols après la prise de leur frégate, à l'embouchure de la rivière Efferre ? Nuit après nuit, des Indiens cannibales me liaient les mains et me tailladaient tout vivant encore avant de m'embrocher comme un porc au-dessus d'une fournaise. Demeuraient seulement au matin la douleur, la douleur et l'angoisse.

— Parle, parle enfin, vieille folle, la rudoyai-je. Comment sais-tu cela, comment sais-tu ?

— Les cauris savent, je ne suis que leur messagère. Tu as gâché toi-même ta destinée en tuant sans raison cet homme à l'émeraude. Il ne mentait pas. Mais toi, si.

Je la giflai pour la faire taire, et la giflai encore. Mais elle parlait, parlait toujours comme si elle n'était qu'une voix, la voix des ombres et des anciens. La voix de mon grand-père qui m'interdisait de naviguer en pleine tempête. La voix de mon père qui me refusait ses filets pour pêcher. La voix de ma mère qui maudissait mes fréquentations rue d'Enfer, aux Sables.

— Tu dilapideras ton bien et devras reprendre la mer. Mais tes projets échoueront et tes compagnons t'abandonneront, un à un. Tu crèveras de misère, de soif et de faim, volant plus pauvre que toi. Tu tueras, éventreras, et ton sabre sera ton seul courage, ta seule vertu, ton seul guide. Au bout de cette route, si tu ne t'en écartes pas à temps, ta chair nourrira les hommes et tes os les bêtes fauves de la forêt...

Elle ne put en révéler davantage, je l'étranglai de mes mains pour la faire taire, à tout jamais. Elle s'écroula sans un bruit, comme le colosse de Saint-Domingue. Une folle, une vraie folle. En s'affaissant, sa main s'ouvrit comme une fleur. Seize coquillages blancs et menus tombèrent à terre. Je les écrasai rageusement du talon. De la chambre, me parvenaient les échos des rires des putains.

— J'arrive, mes beautés, j'arrive! hurlai-je en défaisant de mon cou le foulard rouge qui ne me quittait jamais, même pour dormir. J'arrive.

Maître Nau, quelle histoire! Si le récit de Monsieur Surcouf par sa bravoure m'a vivement plu, le vôtre, par sa noirceur, me sied tout autant. Vous avez embrasé mon corps, permettez que je me dévête.

Et, avec de lents gestes minutieux, elle défit une à une toutes les attaches de son corset. L'assemblée suivait du regard chacun de ses mouvements graciles et harmonieux. Le bord d'une chope choqua la table, puis une autre et encore une autre, formant une sorte de mélopée brute et sanguinaire, un rythme lascif et mécanique qui exacerbait les nerfs des hommes. L'apparition roucoulait d'aise, perchée comme un oiseau de prix sur sa poutre. Les attaches dénouées, le corset s'attarda un instant sur la peau frêle de la femme avant de glisser dans son giron, révélant la splendeur de seins plus polis que le marbre.

Seul, dans l'assemblée, Misson semblait courroucé par ce spectacle. L'apparition, comme déifiée par la crue des désirs qu'elle suscitait, s'en aperçut pourtant.

— Monsieur, s'étonna-t-elle en dévisageant le pirate, la vue de la beauté ne vous inspire-t-elle pas ?

— Madame, répliqua Misson avec une mimique agacée, la beauté n'a point de visage et si même elle en possédait un, je ne souhaiterais pour rien au monde le contempler.

— Pourquoi donc ?

— Parce que la beauté n'est belle que cachée. Dévoilée, elle perd tout intérêt à mes yeux. De plus, j'ai trop perdu pour pouvoir encore savourer ce que vous voulez m'offrir !

La poitrine de la jeune femme se hérissa d'un coup à cette annonce.

— Qu'avez-vous donc perdu qui supplante la beauté ? s'enquit-elle d'une voix suave.

— La fraternité, Madame, soupira Misson en baissant les yeux.

LA ROCHELLE

Une utopie qui s'écroule, celle du flibustier libertaire Misson

Au moment où Carracioli déplaçait le fou pour mettre en échec mon roi, une flèche indigène le transperça de part en part. Son regard s'éteignit, chandelle soufflée par le destin, et il s'écroula en travers de l'échiquier, renversant toutes les pièces, blanches et noires, sur le sol de terre battue de notre case.

Je me levai d'un bond, tentant de retenir de la paume le sang coulant de la blessure de mon ami. En vain. Il était mort. Au-dehors, des hurlements retentirent. Cris de rage, de lutte, de surprise et d'horreur. Une odeur âcre de chair brûlée, mêlée de paille et de poudre, empuantissait l'air. Je me ruai dehors. Les indigènes des villages voisins, ces mêmes indigènes que nous avions crus frères, avec qui nous avions partagé vivres et armes, ces indigènes incendiaient les maisons de Libertalia.

J'avisai, dans la cohue indescriptible des assaillants, Ileso, l'un des nôtres. Un marin portugais, quartier-maître de son état, qui avait rejoint dans les premiers la colonie. Je l'arrêtai au passage. Sa peau nue était luisante de sueur. Il portait pour tout vêtement un drap passé autour des reins ; à la main, une hache d'abordage.

— Ils ont tué ma femme et mon enfant, gémit-il de rage, les traits crispés et les yeux brûlants.

— Parle, hurlai-je à mon tour, que se passe-t-il ? Où sont les sentinelles ?

— Massacrées. Vous ne comprenez donc pas, Misson ? Vous étiez censé nous protéger ! Nous vous avions élu pour cela. Vous avez eu beau renforcer les batteries et les fortifications sur le fleuve, vous avez négligé les ennemis de l'intérieur. Tous ces fieffés moricauds qui...

Il s'emportait. La rage brouillait ses traits et dans sa main, la hache oscillait dangereusement. Je le saisis aux épaules.

— Ileso, grands dieux ! Ressaisis-toi ! Où sont les autres ? Il faut faire front !

— Avec qui voulez-vous vous battre ? me bouscula-t-il en retour. Il n'y a plus personne, personne ! Il faut fuir, crénom, fuir ! Sinon, c'est la mort !

Soudain, de l'ombre de la nuit, et du clair-obscur des cases embrasées, jaillit l'éclat d'une machette. Je tombai à terre. Ileso s'écarta juste à temps pour éviter d'être fendu en deux. Trois sauvages nous entouraient. Leur visage était froid comme la pierre du sacrifice et leurs mains sanglantes, du sang des innocents trahis par le sommeil. Par bonheur, j'avais encore à la ceinture une paire de pistolets. Je fis feu par deux fois, tuant seulement un de nos assaillants. Ileso leva sa hache et entailla le coup du deuxième avant d'être transpercé jusqu'à la garde par le sabre du dernier indigène. Les yeux révulsés, il s'écroula sur les genoux, comme les chevaux sous le coup de merlin du boucher. La salive me manquait. Le Portugais avait raison, il fallait fuir. Dans la baie, je le savais, il y avait deux barques chargées de vivres et de munitions en vue d'une exploration imminente de la côte. Me relevant d'un bond, je fauchai aux chevilles l'assassin d'Ileso qui contemplait sans bouger le cadavre de sa victime. Le sauvage s'écroula et sa tête dingua contre une pierre. Tout autour de nous, le village était en flammes. Les cris peu à peu s'étaient tus. Plus rien d'autre n'existait que ce silence assourdissant qui couvrait ma fuite vers les navires.

Je fermai encore les yeux, et respirai profondément. La nuit, une nuit douce et parfumée, était tombée. Une autre nuit sous un autre ciel. Les deux sloops qui avaient servi ma fuite,

“L’Enfance” et le “Liberté”, se balançaient dans la baie, mollement. Un brasier, creusé à même le sable de la plage, brûlait devant moi. Une mince fumée s’élevait jusqu’au ciel et je la suivais du regard. J’étais sauf, mais j’avais perdu mes rêves. Alors, à quoi bon vivre ?

— Carracioli mort, je ne peux vraiment y croire. Racontez-moi encore, je vous prie, mon cher Misson, me pria l’homme assis à mes côtés.

— Que voulez-vous savoir de plus, Tew ? Je vous ai dit tout ce qu’il y avait à dire…

— Oui, sans doute, mais j’aimerais tant comprendre pourquoi les indigènes ont massacré leurs amis de Libertalia. Comme cela, de nuit, sans raison apparente… Quelqu’un les aurait-il montés contre nous ?

Je haussais les épaules, les yeux toujours égarés au ciel.

— Allons donc, mais qui, qui aurait pu ? Nous avions banni toute violence de Libertalia. Les Liberi eux-mêmes n’y pensaient vraiment que par nécessité ! Tous ces hommes venus de tant d’horizons, des Anglais comme vous, des Français comme moi, des Hollandais, des Portugais et même des esclaves libérés, tous avaient prêté serment d’œuvrer ensemble, pour le bien commun. Plus de religions. Plus de lois. Plus de tabous. Part égale pour tous, du simple marin au capitaine…

— Avoir été si près, si près du paradis… Je ne sais que croire…

— À moi aussi, ce paradis me manque, Tew. Il y a quelques années, quand nous avons découvert cette crique, au nord de Diego-Suares, sur l’île de Madagascar. À cette époque, je naviguais seul, avec seulement trente hommes. Une mission de reconnaissance, le temps que mon ami Carracioli se rétablisse d’une blessure à la jambe. Hé, elle le fit tenir la couche trois mois durant ! Vous ai-je parlé de cette guerre étrange dont nous fûmes l’instrument lui et moi, entre l’île de Juanna et celle de Mohila ?

— Vaguement, sourit Tew, son bâton toujours fiché dans les braises.

Il ne me regardait pas, ni même le feu, je crois, bien que ses yeux s'y soient fixés. Mais ses oreilles étaient dressées, tout comme celle de l'ancien quartier-maître de Tew, Stone. Ce dernier, avec des renégats hostiles à l'autorité, avait fondé une colonie proche de la nôtre, plus au nord. Tew les visitait lorsque Libertalia fut pillée et rasée.

— Moi, j'aimerais l'entendre, Cap'tain Misson, grasseya Stone, d'une voix embuée par l'alcool et la douleur d'avoir perdu des compagnons.

— C'est là une succession d'aventures qui mériterait tout un livre, Monsieur Stone, répliquai-je. Je m'y emploie cependant, depuis la disparition de Libertalia...

— Vous écrivez? Vraiment? fit Tew. Selon la langue de Libertalia?

Je souris, pour la première fois depuis longtemps.

— Cet amalgame incongru de langues, anglais, français, portugais, hollandais et autres idiomes dont j'ai oublié le nom? Non, j'écris l'histoire telle qu'elle me vient. J'ai fait mes humanités à l'université de Marseille, savez-vous? Mon père me destinait aux compagnies de mousquetaires, mais j'ai préféré d'autres voies. J'aurais pu tout aussi bien être mathématicien, enseigner. J'avais des dons en ce domaine.

— Mais vous avez préféré la mer...

— Les circonstances. Mon père était à la fois riche et dispendieux et surtout, il avait tant d'enfants qu'il lui était pratiquement impossible de m'acheter une charge. Connaissant mon enthousiasme pour la mer, il m'a confié aux bons soins d'un de ses amis, Fourbin, qui m'enrôla avec lui sur “La Victoire”...

— “La Victoire”, s'étonna Tew en me regardant soudain. Notre “Victoire”?

— Celle-là même! Il faut croire que son destin et le mien étaient scellés. Tout comme celui de Carracioli. Peut-être n'aurions-nous pas dû le démonter, ce navire...

— Pour mieux le reconstruire! Le nouveau était plus fringuant que l'ancien! “La Victoire” était bien fatiguée, avec sa carène striée d'algues et son pont bouffé aux vers! C'est amusant...

Je levai les sourcils.

— Quoi donc ?

— Les coïncidences, dit Tew. Je songeais à l'instant que Libertalia a dû succomber la même nuit que "La Victoire", il y a trois mois de cela.

— C'est le temps que j'ai mis à vous retrouver, Tew. Oui, coïncidence, peut-être. C'est la tempête, c'est bien ça, qui a drossé le navire sur les côtes ?

— Exactement. Je n'ai rien pu faire. J'avais débarqué avec North et Shivers, deux matelots que vous connaissez. Alors que nous allions regagner le bord, le vent a soudain forci et le navire s'est brisé sur les rochers. Ils ont tous péri, tous les compagnons. Moi seul, comme vous, ai survécu au drame.

Je ne trouvai rien à répondre. Je revoyais Carracioli s'écroulant sur la table, son jeu encore en tête. Morbleu, nous avions tout prévu, toutes les attaques possibles de la mer, comme cette fois où les Portugais avaient tenté de nous débusquer. Nous avions suffisamment de canons pour riposter, pas mal de poudre et de balles. Mais les indigènes, vraiment ? Qui se serait méfié d'eux ? Eux avec qui nous avions établi des relations pacifiques, étayées par de menus présents : sabres, chapeaux de feutre, habits, haches, que sais-je encore ! Pour Carracioli, tout comme pour moi, chaque homme était un frère, quelles que soient sa race, sa condition, la couleur de sa peau. Nous étions tous identiques, créatures d'un même créateur qui se souciait par ailleurs comme d'une guigne de nos péchés ou de nos tares. « *Suis mon raisonnement* » me répétait mon ancien confesseur, mon ami de toujours, qui, selon ses propres mots, aurait dû tâter de l'épée plutôt que du chapelet, « *suis mon raisonnement. Dieu existe, nous en sommes assurés, mais ce n'est pas un homme comme toi ou moi, c'est un principe. Un tout, une entité supérieure, donne-lui le nom que tu veux. Nous, nous possédons une âme immortelle, qui ne cherche jamais qu'à revenir vers Lui, une fois la mort venue. Encore faut-il qu'elle ne soit pas salie par ces péchés que sont le mensonge, la cruauté, l'infamie. Sinon, que deviendra-t-elle ? Comment pourrait-elle à nouveau être accueillie dans la perfection divine ? Voilà l'enfer, le seul, le véritable, mieux que celui que toutes les soutanes du monde nous prédisent, avec ses flammes et ses bûchers ardents, et ses démons ricanants et cruels.* »

Et il poursuivait sa démonstration en m'exposant qu'entre le riche et le pauvre il n'y avait pas de mérites, mais seulement de l'orgueil pour l'un et de la honte pour l'autre. « *Tout le monde a droit à une existence digne* » martelait-il à l'équipage ébahi de "La Victoire" nuit après nuit, alors que nous voguions vers les Antilles sous le commandement de Fourbin. Le port de La Rochelle était à peine derrière nous que tous partageaient les opinions morales et politiques de mon ami. « *La divinité est juste et impartiale* » assénait-il à toute heure. « *Aussi, si nous sommes ses enfants, si nous sommes aimés par elle, pourquoi nous plongerait-elle dès la naissance dans la misère la plus crasse et laisserait-elle prospérer le riche ? Quel serait son intérêt? Attribuer à la divinité une telle mesquinerie, c'est déjà l'insulter! Non, je vous le dis, camarades, s'il est interdit de tuer pour le plaisir, il n'est pas interdit de se battre pour sa propre subsistance. À savoir du pain, un foyer, un lopin de terre cultivable, toutes choses essentielles à la vie humaine.* »

De ces discussions sans fin, tout autant que des prises successives de navires marchands, était née naturellement Libertalia, patrie des hommes égaux. Durant des années, nous avions libéré quantité d'esclaves de leurs chaînes et ils étaient devenus nos compagnons, nos frères. Nous avions épousé des femmes indigènes, combattu sous le drapeau blanc de la liberté, proposé à des équipages entiers de se rallier à notre bannière, avec succès. Notre colonie grandissait en mérite et en honneurs. Ce n'était pas un rêve que l'on balaie de la main au réveil. C'était une réalité. Une république. Nous avions même voté des lois, élu des députés, un parlement, un gouvernement. Chaque homme faisait partie d'un groupe de dix, qui élisait un représentant. Tous les représentants assemblés choisissaient à leur tour un chef, pour une durée de trois années. Je devins ainsi le premier "Protecteur" de la cité. Hélas le seul à ce jour. Ce que nous avions voté librement, nous l'imposions peut-être à d'autres, sans le vouloir. Les indigènes avaient pris peur. Avec les armes que nous leur avions données, ils avaient ainsi massacré les hommes et les femmes, les enfants et les vieillards. Moi seul avec quelques autres avions pu embarquer dans les sloops, emportant dans notre fuite quelques coffrets chargés de diamants bruts et de lingots d'or.

— Qu'allez-vous faire, Mister Misson ? lança soudain le quartier-maître Stone, déchirant le silence de la nuit de sa voix âcre. Reconstruire votre colonie ?

— Libertalia est morte, Monsieur Stone. L'homme n'a jamais qu'une seule chance d'approcher le paradis sur cette terre.

— Et vous, Tew ? Que comptez-vous faire ?

Le capitaine anglais tapota encore le feu de son bâton un long moment avant de répondre.

— Je ne sais. Reprendre la mer, sans doute. Mais pour aller où ? Comme mon ami Misson, je n'ai plus goût à rien.

— Et l'Amérique, Messieurs, fit Stone. Y avez-vous songé ? Il y a sur ses côtes quelque repaire plaisant. La nation est jeune encore, et accueillante pour des marins expérimentés tels que vous... Demandez une commission, on vous accordera un coin de terre pour fonder une nouvelle colonie, j'en suis certain !

— Je n'entends rien à ce que vous me proposez, Monsieur Stone, répliquai-je, peut-être un peu trop fortement à mon goût. Libertalia n'est plus. Que ce soit ici, sur ces côtes, ou ailleurs, en Amérique. Elle n'est plus, comme son fondateur, Carracioli. C'était lui, l'âme. Sans âme, on ne peut vivre.

Tew ne répondit rien, plongeant à nouveau son regard dans le feu. Stone, sans un mot, se leva et alla chercher quelque chose à manger dans sa cabane, à quelques mètres de là.

— Tew, murmurai-je à mon ami, je suis las de tout ceci, tout autant que vous. Mais il ne sert à rien de s'apitoyer. Demandez quelques hommes à Stone, je vous laisse un sloop, "L'Enfance" ou le "Liberté", comme il vous sied...

— Et vous ? soupira Tew. Où comptez-vous aller ?

— En France. Il me tarde de revoir les miens, après tant d'années. Mais avant de nous séparer, nous partagerons entre tous les richesses de Libertalia.

— Pourquoi ne les gardez-vous pas, Misson?

— Dois-je répondre à cette question?

Tew sourit et secoua la tête. Nous nous serrâmes longuement la main, avec ferveur.

Une semaine plus tard, nous avions repris la mer et naviguions de conserve lorsque la tempête saisit nos sloops comme des jouets d'enfant. Mon navire se brisa en deux sous la pression des flots et du vent.

Je ne devais plus jamais revoir Tew.

C'est affreux, Maître Misson! pleurnicha l'apparition en se voilant les seins d'un bras. J'en frémis.

— Hé bien, ne frémissez pas trop! Vêtue comme vous êtes, vous allez prendre froid! Ce qui est passé est passé, et vos jérémiades n'y changeront rien.

La Belle Dame cessa aussitôt de pleurer, et ce fut d'une voix glacée qu'elle répondit:

— Je ne feins pas ma douleur, Monsieur. Votre récit m'a touché et j'allais me livrer à vous tout entière. Mais puisque vous semblez croire que je me moque, hé bien, je ne vous céderai qu'un jupon.

— Grand merci, ricana Misson en se levant. Compagnons, que ceux qui ont un peu de jugeote cessent de croire à cette pantomime grotesque! Il y a d'autres tavernes dans l'enfer où nous vivons! Celle-ci pue la charogne!

Le pirate sans se retourner se dirigea vers la porte, suivi de près par une dizaine d'hommes, dont Pierre Le Grand et Louise Antonini. Pollet hésita un instant sur le seuil de la taverne, puis se ravisa. Dans un coin, un bandage sur la tête et un cigare en main, Surcouf assistait avec irritation à ce départ, mais se taisait. Sa morgue avait disparu. La Belle Dame, de son côté, ne comprenait pas.

— Mais enfin, pourquoi partent-ils, s'étonnait-elle, son jupon en main?

— Ils partent parce qu'ils se sentent trahis, bafoués. C'est là toute l'explication!

— Qui êtes-vous, Monsieur?

— Louis Le Mel, corsaire du roi, pour vous servir, répondit l'homme qui venait de parler.

Il était attablé devant une réussite, un paquet de cartes en main.

— Je suis désemparée, avoua l'apparition. Désemparée et incertaine. N'auriez-vous pas quelque histoire à narrer pour me divertir?

— Une histoire, fit Le Mel, en relevant la tête. Ma foi, oui, mais vous vous en repentirez! Elle est loin d'être tendre ou glorieuse...

ROCHEFORT

Le suicide manqué de Louis Le Mel, traître et corsaire

La chevelure éparse et les yeux en berne, Blanche, à plat ventre sur les draps dévastés, s'étira. L'aube luisait à travers les volets baissés comme les yeux langoureux d'un chat surpris en plein sommeil. Vêtu d'une simple chemise, je m'approchai de la couche de ma jeune maîtresse. De deux doigts repliés, semblables aux jambes minuscules d'un gnome, je me mis à arpenter sa croupe charnue comme si je gravissais une colline charmante au levant. Parvenu au sommet, j'immobilisai ma main. Blanche gloussa doucement sans bouger.

— Arrivé tout en haut de la montagne, annonçai-je d'une voix forte, notre bon roi Louis XIV inspecta la plaine qui s'étendait devant lui. Aucune trace de ses armées, nulle part. “Comment ? s'écria le souverain étonné. Mais où diantre sont-ils fourrés, tous ces lascars ?”

— Peut-être ont-ils chu dans une crevasse, jusqu'aux tréfonds de la ravine ? hasarda ma maîtresse d'un ton naïf.

— “Jusque-là ? s'étonna le roi. Il ferait beau voir”. Et là-dessus, il entreprend de redescendre la colline jusqu'à explorer les cavernes et autres cachettes où pourrait s'être réfugiée cette engeance de déserteurs…

— Arrête, Louis, tu me chatouilles, feula Blanche d'une voix rauque.

— Silence, maudite bougresse, vous troublez nos royales investigations ! Dieu, est-ce possible ? Est-il profond, ce ravin ! Et que vois-je au bout ? Diantre ! La lumière d'une lanterne !

— Oh, Louis, Louis...

— Un peu de tenue, Madame, c'est au roi que vous parlez, tout de même, pas à un vulgaire valet de pied. Me voici au seuil de la caverne. L'entrée en semble étroite et pourtant... Je n'ose y pénétrer seul.

— Auriez-vous peur, Louis ? murmura Blanche, le visage enfoncé dans les draps.

Je me reculai, mimant l'outré.

— Comment ? Peur, moi, Madame ? rétorquai-je faussement furieux. Moi, Louis Le Mel, corsaire du roi et fin stratège, aussi à mon aise sur mer que sous le ciel d'un lit ! Ah ça, vous en rendrez raison...

Un léger grincement se fit entendre soudain. Je me détournai vers la porte, surpris et légèrement furieux.

— Je croyais que nous serions seuls, Blanche, fis-je à ma compagne, qui s'était aussi redressée. Tu me caches, ne l'oublie pas. Personne ne doit savoir que je suis ici et...

— Mais, personne ne le sait, idiot, me coupa ma maîtresse. Cela doit être la bonne, c'est tout. Valentine ? Valentine, est-ce vous ?

"Une échauffourée à trois, la bonne affaire" pensai-je tout soudain alors qu'une voix minuscule, étouffée par l'épaisseur de la porte, nous parvenait.

— Oui, Madame. Je ne voulais pas vous déranger, mais ces messieurs ont insisté...

— Ces messieurs ? beuglai-je en m'emparant de mes vêtements et me dirigeant à moitié nu vers la fenêtre qui donnait sur la cour. Blanche, tu m'as trahi !

— Ouvrez, capitaine Le Mel, vous êtes en état d'arrestation, rugit brusquement une voix derrière la porte.

La maréchaussée, déjà. À peine trois jours de plaisir auprès de ma maîtresse, dans cette maison que je croyais plus sûre que le palais de Versailles lui-même. Blanche s'était assise dans le grand lit, les draps entortillés autour de son corps, et me regardait me dépêtrer avec mes vêtements et les vantaux de la fenêtre.

— Tu ne t'échapperas pas, Louis, constata-t-elle dans un soupir contrit. Cette fenêtre donne sur la cour, trois étages plus bas.

— Pourquoi m'as-tu trahi, Blanche, grondai-je encore, mes pieds nus calés contre les montants.

Il n'y avait aucune prise. Le vide effroyable me happait. Je reculai pour ne pas basculer en avant. Toute fuite était impossible.

— Pourquoi ? me répondit Blanche après un instant de silence. Il y a plusieurs raisons. Tout d'abord la prime...

— L'argent, toujours, hein, c'est ça...

— Laisse-moi continuer, Louis. La prime, d'abord, je le confesse. Puis l'ennui, car tu me lasses, tu n'es pas assez inventif...

Je reniflais de mépris, le visage toujours tourné vers la cour.

— Avoue plutôt que tu m'as déjà remplacé par plus riche que moi !

— Hélas, oui. Une comtesse qui...

— Une femme ? m'écriai-je en me retournant, au risque de trébucher.

Blanche me toisa.

— Et pourquoi pas ? Il me plaît, à moi, d'aimer qui je veux ! Ne viens pas me parler de morale ou de convenances, toi qui as abandonné ta femme et tes enfants, avec plus de neuf mille livres de dettes à régler !

— Ne mêle pas Suzanne à tes conspirations, je te prie ! Je suis un marin, que diable ! Je suis plus souvent sur mer que chez moi à dorloter des gosses et à payer des traites ! Ne me juge pas de la...

— Capitaine Le Mel, ouvrez, ou nous enfonçons cette porte !

Palsangué ! La maréchaussée ! Je l'avais presque oubliée. Peut-être en me laissant glisser jusqu'à la fenêtre du dessous ? Pas plus difficile que certaines journées de tempête dans la mâture d'un bâtiment. Je me penchai en avant, prêt à exécuter ma cabriole, quand la porte de la chambre céda net. Une main furieuse m'agrippa au collet au moment où je basculais dans le vide. Le soldat qui m'avait sauvé, un colosse, me rejeta en arrière, sur le plancher de la chambre. J'entrevis juste le baisemain du capitaine de la garde à une Blanche émue et rougissante avant de m'évanouir.

La geôle où je m'éveillai était humide et la paille qui couvrait le sol était moisie. Je m'ébrouai. Une faible lumière perçait d'une trouée dans le mur. Embastillé. Bel et bien ! C'était à prévoir après ma désertion. Encore fallait-il m'accuser, prouver les griefs dont on me chargeait la conscience ! Qu'allaient-ils découvrir, ces gens de l'amirauté, pour me conserver entre ces murs ? Mes dettes sans nombre ? Allons donc, j'aurai pu les payer, si l'on m'avait autorisé à naviguer. Quoi d'autre encore pour me garder au frais entre ces murs ? La raison principale, la faute majeure pour laquelle on me soupçonnait. Mes conspirations avec les ennemis de la France. Les ennemis de la France, crénom ! Mais, palsangué, ceux-ci voltigeaient plus que girouettes au gré des alliances et des traités ! La vraie raison était ailleurs, tout bonnement. Ma présence gênait. J'agaçais. De l'amirauté jusqu'au moindre matelot, tout le monde soupirait après ma traîtrise. Eh bien, qu'ils se réjouissent, tous ! Ils l'avaient leur traîtrise ! Traîtrise, vraiment ! Ah, le mot odieux ! Moi, j'appelais ça du marchandage, un investissement, ce qu'on voudra. Les grands de ce monde s'arrangeaient bien entre eux ! Alors, pourquoi pas nous autres ? Pourquoi diantre s'échiner la crasse à dérober des fortunes pour se voir offrir en récompense quelques piécettes ? Et pourtant, j'avais l'âme corsaire. Dieu et le roi passaient avant la moindre gueuse. Il ne fallait pas me confondre avec l'un de ces flibustiers des Antilles. Avec l'un de ces gredins sans honneur qui dilapidaient le bien volé aux autres.

Fort de ces réflexions, je me relevai pour faire le tour de ma cellule. À la longue, certes, l'amirauté découvrirait mes trafics. Soit. Mais j'en doutais. Elle ne dénicherait pas assez de paperasses pour les prouver vraiment. Dans ma fuite, j'avais peut-être omis de détruire certains documents. Ceux-là leur serviraient pour m'accuser. Et après ? Franchement ? J'avais brûlé le mémoire détaillé dans lequel je livrais les points faibles des fortifications des principaux ports de la côte atlantique. Dunkerque, Saint-Malo, Brest. Surtout Rochefort. Je revoyais encore la figure de ce Hollandais, Grœnendael, lorsqu'il avait déplié le parchemin où j'avais griffonné les batteries et les insuffisances des remparts de la ville. J'aimais beaucoup Rochefort. Je savais précisément comment la démanteler. C'était la partie que je préférais dans ce mémoire rédigé à la hâte de ma mauvaise écriture.

La porte de la cellule s'ouvrit soudain, interrompant mes pensées, et un garde jeta à mes pieds le corps tuméfié d'Essart d'Orbières. Essart d'Orbières, mon ancien second. Je ne bougeai pas. Sur un grognement sourd, ponctué d'un crachat, le garde ferma la porte, me laissant seul avec cette raclure. J'avais pourtant conseillé aux Hollandais de le garder au frais, celui-là, ou pire, de le tuer. Ce marin était de la race des vermines, un chancre dont j'avais eu grand peine à me débarrasser. Je ne savais pas qu'en plus c'était un espion. L'amirauté l'avait payé pour me surveiller. Les Hollandais étaient pourtant prévenus. Être trois fois relâché coup sur coup, sans pour autant séjourner dans leurs prisons ou payer de rançon, semblerait suspect à la Marine Royale. Même pour l'image de marin audacieux dont on me parait, à l'époque. Un capitaine aux mœurs affables, bien fait de sa personne, héroïque, fier, à l'énergie indomptable. Un bon serviteur de son Altesse, même s'il était né à Liège ! Peine perdue. J'étais l'émissaire secret des Flandres, je devais leur livrer les informations demandées. J'étais assez largement rétribué pour cela.

Un baquet d'eau traînait à mes côtés. Je le lançai au visage d'Orbières. Celui-ci s'ébroua brusquement, comme quelqu'un soudain dégrisé au sortir d'une nuit de beuveries.

— Que fais-tu donc ici, Alexandre? marmonnai-je.

— Ils savent tout, Louis, tout, souffla-t-il en s'asseyant péniblement. Comment tu as pactisé avec l'ennemi hollandais, comment tu as monnayé tes services, les plans que tu as livrés, tout.

— Et toi, là-dedans? Pourquoi t'ont-ils enfermé?

— Begon, tu sais, l'intendant de Rochefort, il me soupçonne de t'avoir aidé. Simple présomption, mais qui me vaut d'être embastillé à tes côtés, dans une autre cellule que celle-ci...

Je haussais les sourcils de stupeur.

— Alors, pourquoi?..

— Écoute, fit-il, ils acceptent d'alléger nos peines si tu reconnais ta faute. Un mot et ils apportent de quoi rédiger ta confession. Fais-le, Louis, fais-le, pour toi, pour tes enfants, ta femme... La peine sera moins sévère, je te le promets. Signe ce papier et tu seras libre, je te le jure. Ton jugement sera hâté...

D'Orbières s'échauffait, à vouloir me convaincre. Beau jeu que celui qu'il me vantait. Pour un peu, j'aurais applaudi. Seulement, je n'étais point dupe. D'Orbières surgissait toujours aux moments les moins opportuns, comme s'il me pistait. Tout cela me rappelait trop le passé, les quelques mois à peine écoulés de l'hiver 1709. Je venais de perdre, dans de furieuses tempêtes, toutes les frégates dont j'avais le commandement. Les Anglais m'avaient capturé, puis libéré presque sur le champ. Pour cela, il avait bien fallu négocier ma liberté contre quelques révélations. Je craignais cependant d'être percé à jour. Devançant les soupçons possibles, je résolus alors de mander au roi une course nouvelle, sans rapport avec les précédentes. Mais seul le ministre de la Marine me reçut. Je pressentis ma fin à ses paroles mielleuses.

— Capitaine Le Mel, fit celui-ci, vous êtes bien prompt à revenir des geôles anglaises. Y auriez-vous bénéficié d'une quelconque grâce?

Sa méfiance m'égara. Je ne pus que balbutier, avant de me reprendre, qu'il n'en était rien. Un simple jeu du hasard, un échange de prisonniers. Il se tut, me contempla. Me demanda enfin ce qui m'amenait.

— La course, uniquement la course. Je connais fort bien la géographie des côtes du Maroc et si le roi me prêtait seulement trois navires…

— Vous prêtait seulement? Trois navires, rien que cela! Vous êtes bien présomptueux, mon ami. Et qu'irez-vous pourchasser dans ces eaux? L'Anglais?

— Oui, Monsieur, répondis-je. L'Angleterre organise encore le blocus de nos blés…

Mais le ministre m'intimait déjà de me taire.

— Hé bien, soit, capitaine Le Mel, soit. Je parlerai au roi de cette escadrille que vous demandez. Tenez-vous à disposition, je vous enverrai la réponse par porteur.

Je m'inclinai et sortis promptement. Derrière la porte, dans l'antichambre, d'Orbières m'attendait. C'était le genre d'homme auquel on pouvait s'attacher, si on ne possédait guère de jugeote. Avec son port de tête élancé, sa mise simple mais harmonieuse, ses manières élégantes et son franc sourire, il inspirait de la sympathie, pour qui cherche compagnon plus fidèle qu'un chien. L'armateur Gaspard Bart nous avait présentés à Dunkerque au début de l'hiver, alors que nous armions "L'indolente" en vue d'une course dans la Manche.

— Mon cher Louis, voici l'homme qu'il nous faut, avait lancé Gaspard, la pipe à la main. Il vous épaulera plus sûrement que n'importe qui. Je vous en donne ma parole!

Pour l'heure, il m'épiait, me traquait. Il avait survécu au naufrage, comme moi. Comme moi, il avait été prisonnier des Anglais et, comme moi encore, libéré aussitôt. Je me méfiais. C'est pourquoi le trouver là dans cette antichambre, à attendre lui aussi, me fit frissonner.

— Alors, Louis, as-tu eu les vaisseaux que tu désirais? Le roi va-t-il financer cette campagne?

— Dis-moi, murmurai-je sans me préoccuper de ses questions. Avais-je évoqué devant toi cette entrevue, que tu m'attendes déjà?

Il haussa les épaules, sourit, arguant que oui, je lui en avais parlé, pas plus tard que la veille et que, peut-être, la boisson aidant, j'avais tout bonnement oublié! Je ne me souvenais pas avoir bu avec lui, encore moins la veille au soir. Je le croyais loin de Paris, à Saint-Malo ou Dunkerque. Et de relever son nom dans les rôles d'équipage de l'escadrille que le roi me prêtait acheva de me convaincre. L'amirauté avait eu vent de mon petit manège. Compte tenu de mes victoires, de la réputation et de la crainte que j'inspirais, on allait me tenir à l'écart des affaires importantes. M'éloigner. Et je m'étais moi-même enferré dans ce piège, en acceptant de lever le blocus des blés. Malgré l'épée honorifique que l'intendant de la Marine m'avait fait remettre autrefois, suite aux glorieux combats remportés, j'étais en disgrâce. Les vaisseaux alloués étaient une manière galante et efficace de m'éloigner de France. Aussi avais-je fui, jusqu'à me réfugier chez ma maîtresse, en lieu sûr. Je le pensais, du moins.

Je soupirai en chassant ces pensées. Le "Mars", que j'avais abandonné au capitaine Lenormand du Mézy censé me surveiller, avait appareillé depuis longtemps pour les eaux marocaines. Tandis que moi, je croupissais là, enfermé sur dénonciation. Palsangué! Mon ancien second était de mèche avec l'amirauté, cela crevait les yeux. On l'avait rudoyé sciemment, espérant, tant par son aspect que par sa faconde, me convaincre de céder. Mais je ne céderai point, nullement.

— Combien t'ont-ils payé, hein, avoue?

— Comment, s'insurgea le traître, comment peux-tu croire cela possible? Mais enfin Louis, c'est de ta sauvegarde dont je t'entretiens, et de la mienne de surcroît! Si je veux me défendre des accusations que l'on porte à mon encontre, tu dois reconnaître...

— Reconnaître quoi! Allez, dis-le moi! S'ils t'envoient, là, pour me narguer, me forcer à avouer, c'est qu'ils ne possèdent rien, rien, tu m'entends, qui puisse m'accuser!

D'Orbières se releva à grand-peine, s'épousseta.

— Très bien, tu ne me laisses pas le choix, Louis. Je vais aller les trouver. Je leur dirai ta résolution. Mais sache bien que la paix est proche. Un traité sera signé sous peu, j'en ai la preuve. Et que fera-t-on de toi, alors? Ni la France ni les Flandres ne prendront le risque de te laisser libre. Tu appartiendras à une époque révolue, celle d'une guerre enfouie sciemment dans les mémoires. Tu ne seras plus rien, rien, même plus le capitaine que tu fus. Tes manœuvres de fuite t'ont perdu, Louis. Tu déplais.

Je me tus. Lui alla frapper à la porte de la cellule, afin que le garde vienne ouvrir.

— Adieu Louis. Réfléchis à ce que je viens de te dire. Si la paix est signée, tu croupiras à jamais à la Bastille. Tu ferais mieux d'avouer, et d'avouer vite.

La lourde clé tourna dans la serrure et la porte s'entrebâilla suffisamment pour laisser passer d'Orbières. Le dos calé contre le mur glacé, je ne bougeai pas. Pas davantage quand la porte se referma dans un claquement lugubre.

Sur le sol, à la place où se tenait il y a peu mon ancien second, luisait un objet métallique. Je m'approchai. C'était un rasoir, à la lame nette et bien affûtée. Je m'en rendis compte en passant mon doigt sur le fil.

Je reconnus là toute la vilenie d'Orbières. Ou me confesser, ou mourir. Pour lui, il n'y avait d'autre choix. Avait-il donc raison ? Allais-je donc mourir dans cette geôle, sans jamais revoir l'horizon, ni sentir la caresse des embruns sur mon visage ? J'étais seul, sans aucun soutien, ni protecteur. Mes ruses étaient éventées, mon argent sans doute dilapidé. Nuire à ma vie était-il donc la seule issue possible ? Reconnaître ma faute ? Vraiment ? À n'en pas douter, c'était le désir de l'amirauté. Les juges ne pouvaient me condamner sans preuves. Et les preuves étaient bien trop maigres pour que je sois emprisonné davantage. Ils me relâcheraient, ils étaient forcés de me relâcher, ce n'était qu'une question de temps. Sauf si la paix était bel et bien signée. Sauf s'ils souhaitaient se débarrasser d'un gêneur. Il ne faudrait pas alors sombrer dans l'oubli, jamais.

Je m'emparai sans réfléchir du rasoir et le passai d'un coup sur mon avant-bras. Le sang gicla comme une insulte et je hurlai, afin que l'on vienne me sauver. En vain.

Au bout d'un temps, un homme apparut pourtant, aux

contours aussi vaporeux que ceux d'un spectre. À travers le brouillard qui lentement m'obscurcissait les yeux, je le vis hocher la tête tout en déroulant un parchemin. Le plan des fortifications de Rochefort, hâtivement griffonné de ma main selon les souvenirs que je gardais de l'endroit.

— Parfait, Monsieur Le Mel, vraiment parfait, gloussa-t-il d'une voix lointaine, son menton gras éclaboussant la blancheur de son jabot.

Il hocha de nouveau la tête. Il semblait ravi. Son léger accent hollandais trahissait à peine ses origines. Du doigt, il parcourut les fortifications, examinant avec soin l'emplacement des batteries, les failles possibles du dispositif. Je voulais parler, mais j'avais la langue sèche. La cellule me semblait soudain trop étroite, de la taille exacte d'un caveau. Je frissonnais, mais l'homme ne s'en rendit pas compte. Le document toujours en main, il se mit à arpenter ma prison d'un pas léger, si léger que je n'entendais même pas le martèlement sourd de ses chaussures.

— Bien entendu, vous ne vous êtes confié à personne, n'est-ce pas ?

Les lèvres de l'homme ne bougeaient pas. C'était comme une voix qui éclatait dans ma cervelle, une voix différente, peut-être celle de Dieu ou celle d'un juge. Je pensais : "Non, à personne. À personne. Personne ne sait que j'ai trahi. Personne. Personne".

Ah, il me plaît, il me plaît, ce gaillard ! s'écria Montauban au comble de la joie. N'est-ce pas aussi ton avis, L'Olonnois ?

— C'est vrai que le bougre aurait fait un bon compagnon, ricana à son tour le pirate. Hé, Le Mel, pourquoi donc es-tu resté au service du roi ?

— Allons donc, camarades, sourit le corsaire à son tour, ne vous ai-je pas rejoints à la fin de mon existence dans les mers du Sud, après mon prétendu suicide ?

— Toi, pirate ? s'étonna L'Olonnois. Allons donc ! Et dans quelle compagnie, sur quel navire ?

— De tout ça, on ne sait rien, coupa court Montauban en plaquant sa main épaisse sur la table devant lui. Le Mel, tu pourras inventer ce que tu veux, maintenant, il sera toujours difficile de te croire ! Mais, j'aime ton récit, vrai !

— Messieurs, pesta la Belle Dame, vous vous liguez avec cet homme ! Pour ma part, je trouve son récit des plus odieux ! C'est un traître sans honneur !

— On ne t'a pas sonnée, fichue donzelle ! glapit Montauban. Que sommes-nous donc, nous autres flibustiers, sinon de cette race de traîtres que tu exècres ? Tous criminels et assassins, c'est connu...

— Je ne vous crois pas, Monsieur, gronda l'apparition. Vous avez un cœur, un honneur qui vous est propre, mais un honneur tout de même. Vous n'êtes pas les vauriens que vous prétendez être.

Le pirate se détourna, écœuré.

— Tais-toi donc, tu ne sais rien.

En reniflant de mépris, il se leva et s'assit à la table de Le Mel, toujours occupé à sa réussite. Montauban s'empara alors d'un godet de tafia qui traînait là et l'engloutit à moitié.

— Mon vieux, déclara-t-il à Le Mel en lui tapant dans le dos, puisque l'on en est au chapitre des histoires, je m'en vais te raconter la mienne !

— Je suis tout ouïe, Montauban, répondit poliment le corsaire, concentré sur ses cartes.

— À la bonne heure, rugit le pirate. Alors, écoute...

BORDEAUX

Le naufrage de Montauban, pirate sans illusions

J'étais grimpé dans les haubans de "La Machine" et, de là, je houspillais mes ouailles.

— Du nerf, camarades! Pas de quartier pour l'Anglais! Répandez-vous sur ce fichu pont comme la vérole dans la rue "Putoye" de Bordeaux!

À mon cri, ils se relevèrent tous aussitôt des recoins du pont où ils s'étaient allongés pour éviter la canonnade ennemie. En un éclair, ce fut la ruée! C'était une folie de s'attaquer à si grand bâtiment. Mais, enhardi par nos prises de la veille, j'avais foncé droit devant, sans seulement réfléchir. Tudieu, c'était chance, tout de même! Nous avions serré de si près l'Anglais que notre beaupré s'était enfiché dans son arrière! À peine besoin de grappins! De la sorte, l'ennemi ne pouvait user de ces canons, 52 pièces, au bas mot. Une folie, vous disais-je! Durant notre approche, ses mêmes canons avaient déjà trucidé sept des nôtres, et d'une seule salve encore!

J'apostrophai mon second, alors qu'il franchissait avec quelques hommes le plat-bord de "La Machine".

— Mauvis!

— Oui, capitaine?

— M'est avis que les diables rouges n'ont pas apprécié notre venue! Méfiez-vous! Ils se sont retranchés dans les sous-ponts! je vois luire leurs mousquets d'ici! Coupez-leur le chemin de la sainte-barbe!

— Bien, capitaine!

Brave Mauvis! Un peu jeune, mais capable. L'équipage était plaisant et fidèle. Du haut de mon perchoir, pourtant, je les saboulais, les drôles! Ma voix portait fort et loin. Ils devaient être lassés de l'entendre! Mais, de là où j'étais niché, j'avais l'œil à tout. "À gauche, plus à gauche, là!" hurlais-je. Ou: "Derrière! Derrière! Il y en a d'autres qui fuient, tas de pécores!" Ou encore: "Attention à la lame de ce gandin! Plante-le au pont, tudieu!" La salive me manquait presque à les commander de la sorte.

Sur le pont ennemi, dans la débandade des Anglais et la furie des miens, je remarquai soudain une flammèche. Elle serpentait entre les corps des combattants, zigzaguait parmi les cadavres et les cordes, suivait insouciante son chemin. Je me hissais plus haut encore pour mieux l'apercevoir. À peine la vis-je disparaître dans les tréfonds du navire que je compris son but, et la manœuvre de l'Anglais! Tudieu, celui-ci allait se faire sauter, en enflammant la sainte-barbe! Et enlacés comme nous l'étions, nous allions subir le même sort!

Le cri d'alerte resta coincé dans ma gorge. Je fus projeté dans les airs comme une balle de mousquet et retombai dans la mer parmi le fracas des mâts et des cordages. Les flots m'assommèrent. Je fermai les yeux et, sans forces, me laissai couler.

Quand je revins à moi, j'étais accroché à une partie déchiquetée d'un mât, au beau milieu de l'océan. Le souffle brûlant de l'explosion me cuisait encore les chairs. Les navires avaient disparu, remplacés par des épaves, à l'horizon. Je respirai à grand-peine. Ma tête vacillait et le soleil m'enflammait les paupières. Près de moi, un homme tendait son bras hors de l'eau. Je le saisis et tirai à moi pour l'agripper au mât. Mais je n'eus que le bras, car la carcasse tout entière de l'homme avait été déchiquetée dans l'explosion! Partout, le sang des corps morcelés teintait les vagues en pourpre. J'eus un haut-le-cœur et faillis lâcher prise. Au moment où mon bras faiblissait, une main secourable m'arracha à ma torpeur et me fit basculer dans une chaloupe. Je dus m'évanouir de douleur.

Un filet d'eau ruisselait contre ma tempe gauche, qui me réveilla. Non, ce n'était pas de l'eau, c'était de l'urine!

— Putentrailles! gueulai-je de tout mon saoul! Quel est le soudard qui ose me...

— Calmez-vous, capitaine, répondit la voix de Dolage, le chirurgien de bord. C'est la seule manière de vous soigner!

— Du diable si je comprends votre médecine! gueulai-je encore, mais sans pouvoir me relever du fond de la chaloupe.

La tête me tournait toujours. Au bout d'un temps, je pus néanmoins m'asseoir sur mon séant. Quelques-uns des hommes d'équipage m'entouraient. Ceux qui n'avaient pas participé à la première vague d'abordage et se trouvaient dans les huniers, comme moi, ou sur le pont, à l'arrière.

— Combien sommes-nous donc? questionnai-je Dolage, tandis que celui-ci me façonnait un bandage à la tête avec les lambeaux de ma chemise.

— Seize, en vous comptant, capitaine Montauban. À présent, si vous voulez m'excuser, il me faut soigner Gaude...

— Gaude? Le canonnier?

— Si fait. Il a perdu la jambe dans l'explosion et saigne comme un goret.

— Peste soit des Anglais! jurai-je en m'essuyant le front. Je tremble de fièvre comme une vieille femme.

Dolage haussa les épaules.

— Vous n'êtes pas le plus à plaindre, capitaine. Seul votre crâne a écopé, d'autres ont perdu un membre ou pire encore. Estimez-vous heureux!

— Un dernier mot, Dolage.

— Oui?

— Comment avez-vous récupéré cette chaloupe?

— Elle était coincée sous les débris des voiles et d'une partie du pont, mais vaillante encore, malgré tout.

— Mais il n'y a pas de mât, ni de voile.

— Hélas, non, soupira le chirurgien. Nous avons même dû improviser des rames avec de vieilles planches...

— Sans voile, nous sommes perdus. Autant se fiche à l'eau de suite! Nous devons impérativement gagner la côte la plus proche, vous comprenez! Sarrois!

Je me tournai vers le quartier-maître, heureusement sauf, qui sommeillait dans un coin. Ses lèvres étaient bouffies. Sans doute à cause de l'eau de mer qu'il venait de boire. Je le secouai par l'épaule.

— Sarrois, Bon Dieu! Où sommes-nous? Où sommes-nous?

— Vous n'en tirerez rien, capitaine, gémit près de moi un autre marin. Il est à moitié moribond, comme moi.

Et le bougre se pencha par-dessus bord pour vomir ses entrailles. Tudieu! Accablés de fièvres et de douleurs, sans vivres, sans boussole, sans eau surtout, que celle malsaine de l'océan, nous allions crever comme des rats, c'était certain. Avec le peu d'hommes encore valides, dont Dolage qui n'avait que la poitrine à vif, nous réussîmes tout de même à élever un semblant de mât. À celui-ci, nous accrochâmes une voile presque entière, sauvée du naufrage, et nous guettâmes le vent. Il ne survint qu'à la nuit tombée, alors que nous avions perdu l'espoir. Un vent rond, précieux comme l'or. La voile se tendait sous la constance de son souffle trois jours durant. Trois maudits jours où nous crûmes à chaque instant rapporter notre âme au Très Haut. J'invoquais les saints de mon pays, je revoyais en songe les ruelles de Bordeaux, la cuisse blanche de mes maîtresses, les cierges luisants à Saint-Fort pour que la vigueur ne s'estompe point. Je riais et pleurais, et riais encore, et priais, priais, promettant toute ma fortune aux pauvres de ma ville. Ma famille avait du bien, et pour cette offrande peut-être donnerait-on mon nom à une rue du port?

Durant ces trois jours d'infamie, nous perdîmes dix de nos compagnons des suites de leurs blessures et des affres de la soif et de la faim. Lorsqu'enfin la terre fut en vue, nous devions être alors au large de l'Angola, les rochers de la côte nous empêchèrent d'accoster. Nous luttâmes des heures durant avec les vagues pour finalement trouver un passage. Mais le rivage était désertique, abandonné, morne. Un marin dénicha enfin un banc d'huîtres sauvages qui fit notre régal et nous sauva, pour tout dire.

Je croyais avoir atteint le fond de nos malheurs. Pendant deux jours, par bandes de trois, nous avons sillonné la côte sans rencontrer âme qui vive ou bête fauve. De la végétation à perte de vue et, ça et là, quelques troupeaux de buffles indolents et effarouchés. La faim au ventre, il fallut à nouveau reprendre la mer, guidés encore par notre seule expérience de marins. Encore un jour et nous atteignîmes une autre crique. Je reconnus instantanément l'endroit. C'était le port de Lopez. Alors, nous avions doublé le cap Corse et le naufrage avait eu lieu plus près des terres que je ne l'avais cru de prime abord.

C'est en louant Dieu et ses saints que nous sautâmes de la chaloupe. Le ressac nous fouettait les jambes tandis que nous hâlions l'embarcation sur la grève. Soudain, une lance se ficha à nos pieds, suivie bientôt d'une salve de sagaies. Une troupe menaçante d'indigènes nous entourait. Tout autant que mes compagnons de misère je blêmis d'effroi.

— D'ordinaire, les sujets de cette contrée abreuvent de rafraîchissements leurs hôtes, bégayai-je en leur langage. Je suis le capitaine Étienne de Montauban, de Bordeaux, et votre roi me connaît.

— Notre roi te connaît peut-être mais pas nous. Ici les étrangers ne sont pas en terre amie. Qui es-tu, Homme, puisque tu n'es pas le capitaine Montauban ? me lança brusquement après un court silence le chef de la troupe, un certain Djugüna que je connaissais de loin.

— Tudieu, mais c'est moi, c'est bien moi, Montauban !

— Alors, où est ton visage ? Où sont tes cheveux et ta barbe ? Tu es plus chauve que le cul d'un macaque ! Montauban, lui, est chevelu !

La farce était comble. Me comparer à un singe pelé! Putentrailles! Je m'avançai vers Djugüna, malgré la forêt de lances levées vers mon visage.

— Menez-moi au prince Thomas, éructai-je de rage en postillonnant aux quatre diables. Lui au moins me reconnaîtra!

Les indigènes nous traînèrent alors jusqu'au palais du prince, une case construite en terre sèche et en branchages. Mais, là non plus, le prince ne me reconnut pas.

— Pourquoi veux-tu te faire passer pour un homme qui ne te ressemble pas? s'étonna Thomas. Montauban, je le connais, mieux que toi, sans doute! J'ai partagé sa table, bu son vin de France et accepté ses présents. Il est mon ami. Toi, tu es moins qu'un chien! Emmenez-les loin de ma vue et tuez-les!

— Thomas, attends, hurlai-je alors que les gardes me saisissaient déjà. Ce bracelet d'argent que tu portes au poignet, c'est moi qui te l'ai offert à mon dernier passage!

Le prince Thomas, qui s'était déjà levé de son siège pour partir, se retourna et me considéra gravement.

— Lâchez cet homme!

Les gardes s'exécutèrent, non sans maintenir encore solidement mes compagnons. Thomas s'approcha de moi et me saisit le menton dans sa main droite.

— Si tu es vraiment Montauban, alors tu te dévêtiras et je verrais tout de suite si tu mens ou pas.

— Comment?

— Montauban a une cicatrice. Une belle. Là, à la cuisse.

Et le prince me donna une telle claque sur le corps que, tout affaibli que j'étais par le naufrage, je manquai défaillir. Il me soutint par le menton et planta ses yeux dans les miens.

— Mets-toi nu, étranger. Si tu n'as pas cette cicatrice, ta tête tombera.

Le prince me rejeta en arrière et extirpa de sa ceinture un long sabre, dont il inspecta le fil pendant que j'ôtais mes oripeaux.

— Saint Thomas, va, le raillai-je en lui montrant l'estafilade qui empourprait ma cuisse depuis qu'un mousquet m'avait frôlé les côtes. Tu la vois, maintenant, la cicatrice? Tu me crois, hein?

La seule réponse qui me parvint fut le rire enjoué du prince.

— Mon ami, mais que t'est-il donc arrivé? Quelle figure affreuse! J'ai failli ne pas te reconnaître. À boire, ordonna-t-il soudain à ses gens, et à manger, les pauvres se meurent. Et des vêtements dignes de ce nom, ajouta-t-il en contemplant tristement nos loques. Le roi mon père voudra vous rencontrer mais pas dans cette tenue!

Une fois préparés, nous partîmes fort gaillards vers la case majestueuse du roi. Le père de Thomas nous reçut dans une immense salle où trônait une table fort longue, chargée de mets précieux et de vins délicats. Sans un mot, le roi nous invita à nous asseoir à ses côtés et nous questionna sur les affaires de la France. Peu à peu, le vin délia ma langue et je me mis à baragouiner dans un jargon décevant.

— Louis, je l'appelle Louis dans l'intimité, fanfaronnais-je à la cantonade entre deux bouchées, Louis me disait encore l'autre jour que j'étais venu souper chez lui : « Mon vieil Étienne - je me nomme Étienne -, mon vieil Étienne, si j'ai un fils, je l'appellerai comme toi. » Je lui réponds : « Louis, mon grand, tu n'y penses pas! C'est trop d'honneur, on va jaser. Appelle-le Louis, comme ton père et comme toi. » Mais lui m'assure que non, c'est commun. Il faut dire que nous sommes entre familiers. Nous sommes presque cousins, par alliance. Il a épousé ma sœur cadette! Presque chaque dimanche, quand je suis en France, je déjeune à sa table. Après le repas - toujours extraordinaire, accompagné de vins d'Anjou et d'Arbois et constitué de plats qu'on ne connaît pas par ici, des gésiers d'oie confits à la sauce aux airelles, des poulardes gavées jusqu'à la gueule d'une farce d'huîtres chaudes -, nous devisons en sirotant du cognac. Je le questionne sur les affaires de la France, le conseille un peu, le réprimande parfois. Il est fort dispendieux et prélève trop d'impôts. Ça le rend impopulaire. Je l'ai souvent prévenu, mon cousin, mais il n'entend rien. Il est comme ça, mon Louis!

Je soupirai en tendant ma coupe à un serviteur.

— Là-dessus, repris-je après m'être rincé le gosier, quand notre panse est pleine, il me montre ses jardins. Il s'est construit un petit abri de chasse, une misère, pas très loin de Paris. Et tandis que nous nous promenons, nous parlons encore. C'est fou ce qu'il aime parler, Louis Le Grand. Je l'impressionne, il faut dire. Il m'interroge surtout sur mes aventures. Comme il ne bouge pas beaucoup, il aime à connaître mes voyages. Quand je lui dirai que j'ai partagé votre table, il sera ébahi, le bougre !

— Vous êtes vraiment de sa famille ? s'étonna le roi, qui n'avait pas touché à son assiette.

— Mais bien entendu, c'est mon cousin, vous dis-je ! Thomas vous confirmera.

Le vin était délicieux et mes yeux se troublaient d'ivresse. Je me levai en tendant ma coupe :

— Longue vie à mon Louis, Louis Le Grand, qui me consulte sur tout et m'aime comme un frère !

Mes compagnons levèrent aussi leur verre et ricanèrent en portant le même toast stupide.

— Mais, remarqua le roi d'un ton doucereux, si vous êtes si proche de lui, pourquoi ne vous a-t-il pas nommé ministre ou intendant du Royaume, plutôt que de vous perdre en ces lieux ?

— Mais, il me l'a demandé! beuglai-je en tapant violemment sur la table. Et moi, royal, j'ai refusé. Tout net. Aussi vrai que je vous parle! Vous me voyez, vous, me languir à la cour, me défier des intrigues, alors que moi, ma vie, c'est la mer, le vent qui secoue les voiles, la langue rugueuse des matelots. Alors, je lui ai répondu, à mon Louis, je lui ai répondu : "Non! Non, mon grand, tu me fais plaisir, mais je ne peux accepter !" Je suis parti. Et me voilà.

Le regard du roi était rêveur, admiratif. Il n'avait rien mangé, rien bu. Plus de place pour rien d'autre : il avait gobé toute ma farce. À peine avais-je éclusé mon gobelet qu'il frappait dans ses mains. Une foule de serviteurs grouilla soudain autour de nous et me saisit rudement. Je pestai devant le sourire du roi.

— Oui, Louis Le Grand, murmurait-il ravi. C'est un bien beau nom que celui de votre cousin. Voilà un nom fort chrétien, qui me convient bien. Mais, pourquoi disiez-vous qu'il était si commun ?

— C'est-à-dire que, non, c'est un prénom royal, porté par de grands personnages… C'est juste que…

Sans me répondre, le roi se leva et disparut. Un garde me saisit par le col et me traîna à sa suite hors de la salle. À ma grande surprise, on m'amena dans une alcôve devant ce qui ressemblait à un grand bassin. Le roi tenait dans ses bras un bébé qu'une femme lui avait confié en se retirant aussitôt.

— Louis Le Grand, Louis Le Grand, répétait-il tout en berçant le nouveau-né. C'est un nom qui me plaît infiniment. Puisque vous êtes un des intimes du Roi de France, vous allez le représenter au baptême de mon petit-fils, que voici.

— Je… attendez, balbutiai-je, dégrisé. Un baptême ? Vous voulez que je sois le parrain de cet enfant ? Mais je suis chrétien, cela ne se peut…

— Moi aussi, je suis chrétien, jeta le roi, les sourcils soudain froncés. Ma décision ne vous sied pas ?

À peine avait-il prononcé ces paroles que cinq gardes m'entouraient, lances baissées contre ma poitrine.

— Non, bredouillai-je encore, non, tout est bien, c'est un excellent choix de votre altesse. Louis Le Grand, parfait, vraiment parfait. Votre petit-fils sera un grand homme, avec un pareil nom.

— Alors, il n'est pas si commun ? Moins commun qu'Étienne, par exemple ?

— Étienne, pfuit ! houlà, il y en a des tas, des centaines, des milliers en France ! Dès qu'on croise quelqu'un dans la rue, c'est bien simple, c'est Étienne ou Robert. Il n'y a que ces deux prénoms en France, je vous assure. Louis, c'est réservé au roi et à sa descendance. Louis, c'est commun chez les rois, c'est ce que je voulais dire tout à l'heure…

Le souverain ne me regardait pas, les yeux rivés sur la bouille de son petit-fils. Je ne sais même pas s'il écouta mes explications fumeuses. Je suais, mais ce n'était pas la chaleur. J'avais trop peur de ne jamais sortir de cette salle.

— Croyez-vous que votre cousin sera touché de cette marque d'attention et consentira à venir voir l'enfant? questionna au bout d'un temps le roi.

Les lances pointées sur ma poitrine s'abaissèrent mais ne s'éloignèrent pas. Une sueur gelée me dégoulina du front aux chevilles.

— Je lui porterai moi-même la nouvelle, mentis-je encore, en m'inclinant légèrement. Louis Le Grand, vraiment, Louis XIV sera charmé de l'hommage.

— C'est parfait, sourit le roi, alors baptisez-le, allez!

Le baptiser? Baptiser ce gosse? Je n'avais pas de morale, à peine une once de foi, mais baptiser un enfant, ça! Est-ce que je risquais l'enfer en parodiant les gestes sacrés de l'Église? J'avais tué, violé, battu à mort des vieillards, dévalisé des bourgeoises, étripé des matelots. Tout cela ne me faisait pas perdre de vue le paradis. Mentir, c'était comme une seconde nature, je ne craignais personne à ce jeu. Mais baptiser un enfant, vraiment? Comment faisait-on d'abord? On lui jetait seulement de l'eau sur le front, et puis baste? Non, il me semblait que le prêtre faisait aussi le signe de croix en baragouinant deux mots de latin de cuisine.

Le père du prince Thomas avait tout prévu. Près de moi, il y avait de l'eau, dans le bassin. Je me penchai, trempai mes doigts et murmurai quelques orémus insensés en signant le front de l'enfant:

— Je te nomme Louis Le Grand, par la grâce de Dieu et de Louis, quatorzième du nom. Tutti va bene gloria in excelsis deo gratias pro nobis vobiscum et spiritum sancti, Aaaaamen. Voilà, sire, votre petit-fils est, hum, baptisé...

Le roi était ému. Il ne cessait de répéter le nouveau prénom de son petit-fils en le levant au ciel. Les pleurs de l'enfant couvrirent à peine le grand éclat de rire du souverain qui s'écria soudain:

— Quand le roi de France, Louis XIV, sera mort, toi, mon fils, Louis Le Grand, tu lui succéderas. N'est-ce pas, monsieur de Montauban ?

Si le quartier-maître près de moi ne m'avait pas balancé violemment son coude dans les côtes à m'étouffer, je crois que je serais mort de rire, transpercé par les lances farouches de la garde.

C'était d'un drôle ! Quelle idée saugrenue ! Un nègre sur le trône de France ! Ridicule ! Pourquoi pas un empereur corse, tant qu'on y était !

Pas possible ! s'étonna Le Mel, les yeux plissés de rire.

— Comme je te le dis ! Comme si je tutoyais ce bon vieux Roi-Soleil, et que je dînais à sa table tous les jours !

— Crénom ! jeta Le Mel. Je n'ai jamais rien entendu de plus drôle !

— Moi si, lança Étienne Pellot en se rapprochant de la table des deux compères. Le jour où on a voulu me couper la jambe et que je me suis sauvé sur mes deux pieds !

— Sapristi, mais comment est-ce possible ? s'emporta Montauban en levant les bras au ciel.

— Vous vous moquez, fit Le Mel. On connaît vos talents d'orateur !

— Mais pardi, je vous assure que c'est la vérité, Messieurs. Je venais à peine de reprendre connaissance après une violente bataille lorsque...

— Maître Pellot ! Avez-vous demandé la parole, s'énerva soudain la Belle Dame ! Après le récit pitoyable de ce ladre de Montauban, j'espérais au moins pouvoir entendre...

— Pouvoir entendre qui, Belle Dame ? répliqua Pellot, en se renversant sur le dossier de sa chaise. Monsieur de Forbin ? Monsieur Thurot ? Le célèbre Jean Bart qui furète déjà du côté du quartier des femmes ? Qui sais-je encore ? Hé bien, c'est Pellot qui parle, voilà tout ! Les autres attendront leur tour !

BAYONNE

On ampute le corsaire Pellot

La scie du chirurgien luisait sournoisement à la lumière des chandelles. La salle principale de l'hôpital de Bayonne était jonchée de lits de fortune, sur lesquels gémissaient les marins. Le combat contre l'Anglais avait été rude. On nous avait rapatrié d'urgence en ces lieux.

Le chirurgien faisait le tour des lits et s'était arrêté près du mien. Je l'entendis parler à ses confrères. Il me jugeait mal en point, avec cette jambe déjà verte, une vraie croûte de fromage, ricanait-il. Et son ricanement n'avait pas cessé à mesure qu'il déballait sa trousse et ses outils de charcutier. Malgré ma tête endolorie, mon œil crevé et mon cou à moitié coupé, je trouvai la force de me lever de mon séant :

— Un pas de plus, maudite charogne, et je t'embroche avec ton instrument !

— Calmez-vous, Monsieur Pellot, grogna le chirurgien en essuyant sa lame sur son ventre replet. Ce ne sera que l'affaire d'un instant. Vous ne sentirez rien. Je parie que vous ne sentez même plus votre pied !

— Du diable si je ne le sens pas, comme vous dites ! Votre mousse, là, — et du doigt je désignai un pauvre gosse affublé d'un tablier aussi sanglant que celui d'un commis boucher -, il m'a enfilé près d'un empan de son foret dans la cuisse, et j'ai gueulé comme les cinq cents diables ! Et vous osez dire que je ne sens rien ! Mais bon sang, continuai-je, coupez-moi ce que vous voulez, si vous voulez couper ! Coupez-moi le bras, le nez, la bouche ou les oreilles, même la queue, tiens, je m'en moque, mais pas la jambe ! Crénom tonnerre ! Un corsaire, ça a besoin de ses deux jambes pour être bon à quelque chose !!!

Mais le chirurgien se moquait bien de mon petit discours.

— Tenez-le solidement, demanda-t-il d'un ton égal à ses aides à peine plus costauds, heureusement, que des mousses.

Lui-même s'approchait de ma cuisse avec lenteur et plaisir. La lame de sa scie pénétrait déjà dans la chair entrouverte de ma jambe. Libérant mon bras de l'emprise des infirmiers, j'empoignai sa sacoche avec tous ses foutus outils et la balançai à la volée dans sa mâchoire.

Ah, vous auriez dû voir, vous auriez jubilé ! Le chirurgien en perdit ses dernières dents et s'effondra sans connaissance sur mon grabat, en plein sur ma plaie. La scie aussi valdingua dans l'air et retomba sur ma poitrine.

— Ah, mes gaillards, vous allez tâter de la lame, vous aussi !

J'avais la scie bien en main et je la faisais tournoyer au-dessus de ma tête.

— Calmez-vous, Monsieur Pellot, calmez-vous !

— Ah, que je me calme, mes lascars ! Que je me calme ! Pardi c'est moi qui vais vous calmer, une fois que vous aurez goûté de cette friandise !

Les aides du chirurgien reculaient d'effroi. Avant que mes cris alertent d'autres infirmiers moins freluquets, je me levai à grand-peine de mon grabat en repoussant le corps replet du chirurgien. Mazette ! Quel poids ! Celui-là devait s'empiffrer sur la part de ses malades, ce n'était pas autrement possible d'être aussi lourd. Je posai les pieds à terre et hurlai de douleur. Mon cou me faisait mal aussi, et je ne sentais plus mon pied.

— Toi ! ordonnai-je à un môme qui tentait de s'enfuir. Viens par là, mon garçon, tu me serviras de canne !

Et cahin-caha, la main serrant le cou du gosse pour le contraindre à avancer, je quittai la salle sans me soucier de mes effets, sauf de ma bourse. Je ne portais alors qu'une vaste chemise qui me descendait jusqu'aux genoux et cachait aux yeux du peuple ma hideuse blessure.

— Lâchez-moi, fit le garçon !

— Pas avant qu'on soit sorti de là, répliquai-je. J'ai toujours la scie en main, je te préviens, ça ne pardonne pas !

Personne ne tenta de s'interposer entre nous et les portes de l'hôpital. Dans la cour, un fiacre patientait. Sans doute celui d'une mondaine venue prier l'âme de son ami trépassé ou lui témoigner les premiers secours.

— Entre là-dedans, mon garçon, et aide-moi à m'asseoir.

— Comment, mais je...

— Hé, cocher !

— Quoi, répondit un homme d'âge incertain à l'épaisse moustache blanche, un ancien grognard probablement.

— Ça te dirait d'aider un soldat de l'Empereur ?

— Faut voir, fit l'homme, c'est qui le soldat ?

— Moi, et j'aimerais aller rue des Cordeliers. Au "Loup Brillant", c'est un cabaret, j'y ai mes habitudes !

— Moi, je veux bien, rumina l'homme, mais qui me paiera la course ? C'est que Bayonne c'est grand et que le fiacre il n'est pas à moi !

— Prémunis-toi avec cette bourse, on verra le solde ensuite ! Et je lui lançai du mieux possible les dernières pièces que contenait ma pauvre bourse de cuir.

Cela sembla lui convenir puisque sur un "Monsieur est maréchal d'Empire, à tout le moins !" il délaissa là son service et fouetta ses chevaux pour atteindre avant le jour le quartier des tavernes.

Les pavés, les cahots et les trous de la route ravivèrent ma fièvre. Je suais comme une bourrique qui tire sa charge. Le môme, en face de moi, me considérait gravement, comme s'il s'attendait à me voir dépérir dans l'heure.

— Vous n'auriez pas dû vous enfuir de la sorte, Monsieur

Pellot, pas dans votre état. Vous savez, Poupart, le chirurgien, n'est pas le mauvais bougre. Son diagnostic est souvent bon. S'il estimait qu'il fallait couper la jambe pour stopper la gangrène...

— Hop là, fis-je en levant la main et en tentant un sourire — je devais être aussi beau qu'un crapaud amoureux -, tout d'abord, mon garçon, tu m'appelles Étienne, il n'y a pas de Monsieur qui tienne! Ensuite, ton Poupart, je l'aurais vraiment scié en deux s'il avait insisté. C'est que je les connais, moi, tous ces charcutiers de marine. Je les fréquente depuis longtemps, 'cristi! Une blessure de rien et zac, la jambe entière! Et tu me vois, moi, Pellot, sur le pont, en train de boiter d'un sabord à l'autre, forcé par le roulis à m'asseoir, m'agrippant de dépit aux haubans, allons donc! Je n'ai pas l'âge d'être impotent, je laisse ça aux vieillards!

— Comme vous voulez, Monsieur!

— Étienne, je te dis. Et toi, fils, c'est quoi ton nom?

— Rouelle. Pierre Rouelle. Je suis le neveu de Monsieur Poupart.

— Et il voulait t'apprendre à trancher dans le lard, hein, ricanai-je, sans doute affreusement.

— C'est que le métier me plaît, Monsieur, heu, Étienne. J'apprends sur le tas, c'est tout.

— Dis tout de suite que t'as pas les moyens, hein? Allez, avoue, tu n'es pas le seul dans la mouise, va! Moi aussi j'ai commencé dans la misère, à la mort de mon père. J'avais tout juste treize ans, il a bien fallu que je m'improvise mousse.

— Vous n'étiez donc pas marin, dans la famille? s'enquit Rouelle en levant les sourcils d'étonnement.

— Oh que si, hoquetai-je entre deux cahots particulièrement rudes. Rien que des marins dans la famille, justement! À Hendaye, on nous connaît bien, nous, les Pellot. Ah, si je te racontais!

Mais je n'en avais presque plus envie. Ma tête bourdonnait. La blessure à mon cou saignait de nouveau, malgré les bandages, et me poissait le col. Je n'y voyais plus clair. Mon œil valide pleurait. L'autre me brûlait. Et ma cuisse, la maudite, me faisait tant souffrir que j'avais envie de me scier la jambe moi-même. Pour en finir. Peut-être après tout ce chirurgien avait-il...

— Il n'y a pas qu'à Hendaye qu'on vous connaît, Étienne! marmonna Rouelle. À Bayonne, votre nom est déjà célèbre...

— Ah, c'est que je réserve à cette ville tous mes amusements!

— Je ne sais pas si c'est des amusements, tout ce qu'on m'a rapporté sur vous! Je n'étais pas vieux à l'époque où vous êtes rentré de campagne avec "Le Général Augereau", mais je me suis laissé dire que...

— Dire quoi, 'cristi? Que je ne payais pas les additions? Que mes hommes et moi-même nous nous enivrions à bon compte? Mais pardi, quand on a ramené au port plus de dix navires marchands et que tout ça engraisse la couenne des gens d'ici, on peut tout de même se prendre un peu de bon temps, non?

— Tout de même, votre algarade dans le théâtre...

— Hé quoi! Voilà les danseurs de la troupe qui annoncent "le saut basque". "Le saut basque", "le saut basque"! Tout ça n'avait rien de basque, on aurait juré des poules sur un perchoir! Moi, je suis basque et quand je danse, c'est autre chose, crois-moi! Alors, je leur ai montré à tous ces gens de Bayonne comment on sautait au pays! Mais c'est sûr, avec ma jambe, maintenant... Allez, le môme, jette-moi cette scie dans la rue, ça me fiche le bourdon!

Sans un mot, Rouelle lança sur la chaussée avec dédain la vilaine scie grise.

Celle-ci rebondit sur les pavés et tinta longtemps dans le petit matin qui se levait à peine. Les rues étaient désertes. Le fiacre tanguait plus qu'un rafiot en pleine tempête et j'avais la bile aux lèvres. Dieu que le chemin jusqu'à l'auberge était long! Crénom! Le cocher ne connaissait-il donc pas Bayonne et la tournée des bouges? Le temps que Lucien, une fois prévenu de ma déconfiture, avertisse à son tour la Suzon, j'avais le temps de crever cent fois. Il fallait que je parle et parle encore, pour me tenir la conscience au sec et calmer la fureur de mon estomac. Je parlai des pontons, j'évoquai cette saleté de geôle anglaise, la vie à bord de ces coques vides, la misère et la faim. Je passai sur la promiscuité pour ne brosser que le portait de mon évasion spectaculaire, théâtrale, en pleine représentation devant un parterre de dames du monde. Habillé en officier anglais, le prétendu costume de mon rôle, je réussis à berner la garde avant de me sauver. Et comme je n'aime pas les choses simples, durant ma fuite je délivrai une jeune fille de Liège prisonnière d'un général qui voulait la rosser!

Le mousse ouvrait de si grands yeux à mesure que la sueur me servait de larmes et que ma bouche s'asséchait que je ne pus m'empêcher de poursuivre le fil de mes aventures. Naufrage en Islande. Fuite encore des pontons, à quatre pattes au travers des marécages, avec des planches aux pieds et aux mains pour éviter de couler. Ruse pour éviter les feux de l'Anglais qui croyait que nous nous rendions, alors que notre navire louvoyait sur son arrière pour lui échapper. Mariage d'un jour entre deux embarquements! 'Cristi! Je ne me souvenais même plus du nom de ma femme! Entre deux hoquets de rire, je me tus soudain.

— Vous avez vraiment vécu tout ça, balbutia le gamin Rouelle, en cillant?

Je ne répondis rien. Ma vue s'obscurcissait, je ne le voyais presque plus. Je somnolai ainsi quelque temps avant que le fiacre ne s'arrête. Le cocher à la forte moustache parlait avec un homme, dans la rue.

— Oui, là, derrière, un maréchal d'Empire, pas moins! Oui, c'est l'adresse. C'est là qu'il voulait aller.

Puis deux mains noueuses et rudes s'accrochèrent à la portière, une tête rubiconde s'avança et deux énormes sourcils se levèrent de stupeur.

— Par le plastron de la Vierge, Étienne! Bon Dieu, dans quel état?

— Va chercher la Suzon, Lucien, balbutiai-je sans parvenir à me lever. Elle sait les remèdes du pays, elle saura me soigner...

J'entendis Lucien se détourner et jurer sur sa servante pour qu'elle aille quérir la rebouteuse. Mes paupières étaient lourdes, trop lourdes. Je ne sentais plus mon corps.

— Aide-moi, le môme, on va le transporter à l'intérieur...

Ce furent les dernières paroles de l'aubergiste que je perçus avant de m'évanouir. Je dus sommeiller longuement, mais environ une semaine plus tard, quand je m'éveillai dans un lit tiré de draps frais, ma fièvre était tombée et j'avais conservé ma jambe. Je ne me souvenais de rien, mais le creux du matelas avait gardé le souvenir d'une douce présence. Charmante attention de l'aubergiste. À propos, où était-il donc, le bougre?

— Lucien! gueulai-je aussi fort que me le permettait ma voix. Lucien! J'ai faim, bon Dieu!

— Voilà, voilà, Étienne! répondit l'aubergiste en poussant du pied la porte de la chambre. Je t'avais entendu remuer. J'étais en cuisine, à te préparer de quoi te réconforter!

Une garbure fumait sur un plateau, près d'une miche de pain blanc et d'un pichet de vin fort. Je dévorai le tout en un instant.

— Ton appétit fait plaisir à voir, l'ami, jubila l'aubergiste. Ton orgueil t'a fait conserver ta jambe...

— La Suzon fait des merveilles avec ses emplâtres et ses onguents, glissai-je entre deux bouchées de pain.

— ...Conservé ta jambe, mais coincé le cou. Tu garderas toujours cette raideur, là, et puis ton œil, mon pauvre Étienne, il est mort, bien mort.

— Peu importe, souriais-je, il m'en reste encore un et la vie est plus longue pour un borgne que pour un unijambiste, non? C'est que j'ai encore à berner l'Anglais, moi!

Et je sauçai avec plaisir le plat d'une lampée de vin.

Ceci explique donc la raideur de votre cou, conclut Le Mel en hochant la tête.

— Peste, fit Montauban, la belle fable! Ah, sûr, vous me valez haut la main, Monsieur Pellot.

— Allons donc, répliqua Pellot, modeste. Chacun aurait agi de même dans la situation. Il n'y a pas de valeur, ici. Dites-moi donc, questionna le corsaire en se détournant vers l'apparition, ce récit vous a-t-il plu ? Ai-je mérité votre amour ?

— Je n'ai pas écouté, et n'écouterai pas davantage vos beaux discours, répliqua la Belle Dame en abritant sa poitrine derrière ses bras croisés. Je cherche déjà quelqu'un d'autre à entendre.

— Hé bien, conseilla Pellot d'un ton goguenard, essayez mon maître, le sieur Jean d'Albarade, ici présent. Je l'aperçois là-bas, près de ce pilier. Savez-vous, Belle Enfant, que je fus dans ma jeunesse sous ses ordres ?

— Vraiment ? s'étonna l'apparition en froissant son corset du doigt. Monsieur d'Albarade, vous plairait-il de me conter votre histoire ?

— Qui ? Moi ? grommela le corsaire, un petit homme au visage chafouin, adossé à un pilier de la salle. Certainement pas !

— J'insiste, Monsieur. Ne vous faites pas prier.

— Très bien, très bien, je vais satisfaire votre curiosité. Mais j'ai bien remarqué votre manège, là. Et sachez qu'il ne me plaît guère !

— Nous verrons, nous verrons. Vous n'êtes pas le premier à vous plaindre de ce que je pensais être une passade innocente...

SAINT-JEAN-DE-LUZ

Suprême revanche pour l'infortuné Jean D'Albarade

L'écrivain me tournait le dos. Il contemplait les diplômes de vaillance accrochés au mur de mon cabinet de travail. Des marques d'estime rédigées par tous les ministres de la Marine et les capitaines fréquentés au long de ma carrière.

Je m'étais absenté pour prévenir la bonne que nous serions un de plus au dîner. Derrière la fenêtre du bureau, la mer s'obscurcissait à vue d'œil, comme toujours en fin d'après-midi en hiver. Les nuages pesants qui s'accumulaient à l'horizon, le vent qui redoublait, nous préparaient une belle tempête sur les côtes. Depuis que les armateurs m'avaient contraint à séjourner toute l'année dans la demeure familiale de Saint-Jean-de-Luz, je passais des heures sur la falaise à me gaver des vagues, du flux et du reflux de l'océan, des bourrasques splendides et des cieux incertains. J'étais sur la terre comme sur le pont d'un navire. C'était tout le continent qui voguait avec moi et j'en étais le capitaine, seul maître à bord après Dieu.

Je m'approchai par-derrière de ce jeune freluquet, habillé à la mode de Paris. Il se prétendait écrivain et voulait coucher sur la page mes mémoires. Mais je le savais, il n'écrivait rien du tout, ce bas-bleu royaliste. C'était un espion des Bourbons, encore un autre, nanti, sous le couvert d'une fausse identité, d'une vraie mission : me ravir la croix de l'Ordre de Saint-Louis, dont j'avais été fait chevalier, eu égard à mes mérites, deux ans avant la Révolution. Le 11 août 1787, très précisément à 11 h 00 du matin dans les bureaux même du ministre de l'époque. Ma mémoire ne me manquait jamais, surtout pour mes distinctions. Je l'avais promis à mon père sur son lit de mort, je lui avais juré : "Père, je serai un misérable, ou je serai couvert de gloire. Pas d'entre-deux !" Ce à quoi il m'avait répondu, les larmes aux yeux : "C'est bien, mon fils, laisse-moi mourir en paix".

Je m'approchai donc du jeune homme sans bruit. Il était penché sur un diplôme, à tenter de déchiffrer le nom d'un capitaine. Il n'y arriverait certainement pas. Moi-même, j'avais le plus grand mal à me souvenir de ce nom, un Anglais, patron du "Misery of London", un sloop bâtard qui m'avait fait abdiquer pour la première fois. Et encore, était-ce parce que j'avais le sternum enfoncé et l'épaule en miettes et que l'un des mâts du navire s'était brisé en deux ! Burngrave, voilà le nom ! Et ce bas-bleu qui s'écrasait le nez sur le cadre pour mieux lire !

— Ne vous gênez pas, surtout ! Vous voulez voir aussi mes décorations de guerre ?

Le freluquet se releva comme si je lui avais piqué le derrière avec une aiguille.

— Pas du tout, monsieur D'Albarade. Veuillez m'excuser de mon impudence ! Je m'instruisais seulement en vous attendant.

Je bougonnai et retournai m'asseoir derrière le bureau. Dieu merci, il n'avait pas fouillé dans les tiroirs. Tout était tel que je l'avais laissé quelques minutes plus tôt. Le coupe-papier bien droit devant le sous-main. Le buvard et la cire à cacheter à ma gauche. La plume et l'encrier d'argent à ma droite, légèrement de biais par rapport au sous-main, selon un angle connu de moi seul.

Je croisai les doigts sous mon menton. Dehors, une rafale de vent plaqua la pluie, une grosse pluie aux gouttes bien lourdes, contre les carreaux de la fenêtre. Le paysage devint liquide.

— Et vous dites, jeune homme… Pardonnez-moi, mais je n'ai pas retenu votre nom…

— Eugène de Grémil, je travaille pour la gazette de…

— Et vous dites, monsieur de Grémil, le coupai-je, que vous voulez uniquement savoir si j'ai fait campagne avec Bonaparte?

— Oui, entre autres, je m'intéresse surtout à...

— Sachez, Monsieur, répliquai-je en me levant à demi, sachez, Monsieur, que jamais, au grand jamais, je n'ai servi sous les ordres de ce petit caporal corse! Pas même pour son empire! Rien, vous m'entendez, rien, je ne lui dois rien! Ni titres, ni grâces, ni recours, ni fortune! Rien! Je ne reçois pas d'ordres d'un arriviste! À présent, le repas doit être servi. Et puisque vous êtes ici, et que je serais bien ladre de vous faire raccompagner par ce temps, vous souperez avec moi pour fêter l'année 1820 qui s'annonce!

Sans un mot de plus, je me dirigeai vers la porte. L'écrivain se leva aussitôt et me rattrapa à la porte.

— Je suis désolé d'insister, Monsieur D'Albarade, mais mes sources sont formelles. Vous avez bien, votre frère et vous-même, participé sur "La Légère" à la campagne d'Égypte de l'Empereur. On me l'a certifié!

— Et on vous certifierait que votre père a engrossé une truie, et que vous en êtes le résultat, vous le croiriez aussi?

Le front du freluquet s'empourpra et ses lèvres, chose curieuse, devinrent blanches comme craie.

— Monsieur, avec tout le respect que je vous dois, gronda-t-il comme un chiot battu, je vous interdis de parler de la sorte!

— Et pourquoi donc, Monsieur de Grémil? Vous saviez à quoi vous attendre, non? Vous n'êtes pas plus écrivain ou journaliste que moi pape ou ministre! Ah, non, ministre, je l'ai été, me ravisai-je soudain.

— Ministre de la Marine, sous la Convention, oui, jusqu'en 1795.

— C'est exact, répliquai-je. Cela vous déplaît-il?

— À quel marin cela a-t-il pu plaire de dépendre d'un tel homme? s'emporta le jeune homme avec un soudain aplomb surprenant, bien loin de sa mièvrerie habituelle. Un homme incapable de trancher en faveur d'un camp ou d'un autre! Pas étonnant que Napoléon vous ait à peine pensionné!

Sans réfléchir, je le saisis de rage par le col de son habit. Mon front atteignait à peine son menton, si bien que je dus lever les yeux pour le toiser à mon aise.

— Jeune impertinent! L'Empereur m'a remis lui-même la Légion d'honneur, ainsi qu'une pension honorable pour mes faits de guerre. Ce n'est pas comme votre roi qui me laisse sans soin, dans cette maison en ruine!

— Ah, vous avouez enfin, me ricana au visage le pseudo-écrivain. Vous reconnaissez que vous avez servi Napoléon, qu'il vous a même décoré!

— Vous venez m'accuser, Monsieur de Grémil? le questionnai-je froidement. M'accuser ou m'insulter? Dresser le portrait de mes états de service et m'apporter réparation? Décidez-vous, et décidez-vous vite! Vous êtes envoyé par Louis XVIII, je le sais, je lui ai envoyé assez de lettres pour lui demander justice!

Il me repoussa avec vigueur et, tout en lissant son habit froissé, me déclara:

— Monsieur Jean D'Albarade, ou Dalbarade, devrais-je dire, comme à l'époque où vous accoliez votre particule à votre nom, je suis effectivement mandaté par le roi pour récupérer cette distinction attribuée par Louis XVI avant la Révolution. Non pour répondre à vos pinailleries et vos jérémiades.

— Vous n'aurez pas la croix de Saint-Louis, est-ce assez clair?

Je détachai chaque syllabe de la phrase pour bien lui faire comprendre, à ce demeuré, qui était vraiment Jean D'Albarade. Pas un quelconque valet qu'on sonne pour qu'il se jette à vos pieds. Mais ce de Grémil, comme tous ceux de sa génération de benêts, n'avait aucun respect pour ses aînés.

— J'ai tous les droits, jubila-t-il, je suis mandaté, vous dis-je. J'aurais préféré que vous plaidiez votre cause. J'en aurais alors déduit moi-même si oui ou non vous méritiez encore cette marque de confiance. Mais à présent...

Et l'envoyé du roi laissa sa phrase en suspens dans l'air comme un couperet.

— Cette croix, je l'ai méritée, martelai-je face à cette engeance. Je l'ai méritée. Et je l'emporte avec moi, jusque dans la tombe. Voilà, vous aurez voulu tout savoir de la vie d'un honnête corsaire, jusqu'à le soupçonner d'être un usurpateur et un voleur. Mais vous aurez beau déchiffrer les lettres de cachet, lire mes suppliques au roi, recueillir les témoignages les plus disparates, vous ne saurez rien, jamais rien de ce qui fonde l'existence d'un marin. L'honneur, et l'amour de la liberté.

Durant tout mon discours, imperceptiblement, je m'étais approché d'un panneau de bois où j'exposais des armes anciennes. L'espion de Louis XVIII marchait sur moi, un rictus méprisant aux lèvres. Comme s'il allait me ravir d'autorité ce bien précieux, cette décoration que je gardais épinglée au revers de ma veste. Je ne bougeai pas, la main crispée sur le manche d'une antique hallebarde. Il s'avança encore. Sa morgue lui déformait la bouche, le faisait ressembler à un dogue, les crocs à découvert. Je ne bougeai toujours pas. J'attendais. De Grémil, après trois pas rageurs, se planta devant moi, les poings sur les hanches. Je demeurai encore immobile, prêt à lui sauter à la gorge comme un fauve aux abois. Un long silence s'instaura, que rompit au bout d'un temps l'espion.

— Je ne comprends pas, D'Albarade, cette obstination dérisoire à vouloir conserver cette décoration.

— Ce qu'un roi a donné, fis-je, un autre ne peut pas le reprendre.

— Mais, pardieu, ce n'est qu'une vulgaire breloque et un bout de tissu !

— Là où vous ne voyez que fanfreluches et galons, répliquai-je fièrement, moi je vois une reconnaissance, une marque d'estime pour services rendus au royaume. Mais vous ne pouvez comprendre, vous êtes un parvenu. C'est le seul honneur qui reste à un vieil homme, le seul, et vous voudriez lui ôter ? Pour quoi ? Pour satisfaire l'orgueil d'un roi revenu d'exil, et qui se croit le maître ?

J'entrouvris la porte du bureau :

— Suzanne!

— Oui, Monsieur, me répondit de la cuisine la voix lointaine de la bonne.

— Le repas est-il prêt?

— La soupe est chaude, Monsieur.

— Fort bien. Monsieur de Grémil, dis-je en me tournant vers l'espion, il est temps de passer à table. On ne déçoit pas son hôte.

— Fort bien, reprit à ma suite de Grémil en haussant les épaules. J'en référerai au roi.

— Référez-en à qui vous voudrez! rétorquai-je, la main sur la poignée de la porte. Au roi ou à Dieu, peu importe. Seule la mort peut faire plier un vieux corsaire comme moi.

— J'en conviens sans peine, acquiesça l'écrivain tout en soufflant la lampe qui éclairait le bureau. Je lui souhaite bien du plaisir.

La porte à peine entrouverte, je me détournai pour lui répondre sèchement quand je sentis soudain la pointe d'un stylet s'enfoncer dans mes côtes. De Grémil était sur moi et, à la lueur des bougies du couloir, je découvris son sourire carnassier. Un sourire où la démence le disputait à l'angoisse.

— Allons, Monsieur, murmurai-je sans frémir, les yeux rivés aux siens, pour une simple décoration, vous tueriez de sang-froid? Et comment expliquerez-vous ma mort à ceux qui vous envoient?

— La médaille, D'Albarade. Vite. Si je ne la récupère pas ce soir, ils me tueront, vous savez.

— Ils vous tueront? Vous m'en voyez réjoui, ricanai-je à mi-voix. À mon sens, ce ne serait pas une grande perte!

Je me tus soudain. La pointe du stylet se faisait plus pressante.

— Très bien, soupirai-je en écartant les plis de mon gilet. La médaille est ici. Je vous la remets, contraint et forcé. Sachez que pour moi, jeune homme, c'est un vol. Ni plus ni moins.

Tout en faisant disparaître son arme dans les poches de son

habit, de Grémil s'empara de la décoration d'une main avide. Son bonheur était visible. Mission de confiance ou devoir de servitude, ce ladre était prêt à tout pour prendre mon bien. Même à tuer un serviteur zélé du royaume. Quel obscur besoin poussait ainsi Louis XVIII à récupérer, par la force si besoin, ces preuves de bravoure et de courage ? Je l'ignorais, hélas, même si j'avais eu vent de l'affaire. D'autres avaient abdiqué, pas moi.

— À propos, jetai-je soudain au moment même où l'espion franchissait la porte du bureau, j'ai connu un de Grémil autrefois. Un amiral.

Le freluquet se figea net.

— Si vous pensez à mon père, bredouilla-t-il sans se retourner.

— Je crains que non. Ce de Grémil-là préféra perdre la vie plutôt que de se rendre aux Anglais. Il saborda son navire pour éviter à ses hommes et à lui-même les affres des pontons.

— Mon père...

— Votre père, jeune sot, m'écriai-je, méprisant. Allons, ne soyez pas ridicule. Vous ne lui ressemblez guère. Aucune prestance, aucun honneur...

— Monsieur !

— Aucun honneur, dis-je, à dépouiller de la sorte un vieil homme pour le compte d'un ladre qui se soucie plus de récupérer les décorations données que de soigner les affaires de la France. Et qui tente de restaurer un ordre ancien, pour camoufler ses crimes !

De Grémil se détourna de l'embrasure de la porte. Blême de rage, il s'avança sur moi et me gifla à la volée. Je le toisais, les mâchoires crispées.

— À la bonne heure, mon beau monsieur. L'honneur vous revient par bouffées, comme pour les dames. Dites-moi, est-ce au roi ou à vous-même que j'ai fait affront ?

— Aux deux. Et à Dieu peut-être même !

— Oh, je vous en prie, fis-je, ne mêlez pas Dieu à cette querelle. Si vous vous sentez offensé, j'ai dans cette commode que vous voyez là une paire de pistolets de duel. Elle n'attend que notre bon vouloir ! À moins que vous ne proposiez une autre arme. C'est vous, l'offensé, après tout ?

— Non, non, bredouilla encore de Grémil, désorienté par son geste soudain, cette gifle lancée comme une injure et qui entravait sa fuite. Les pistolets, très bien.

Et sa voix mourut dans sa gorge.

D'un pas égal, j'allai jusqu'à la commode, ouvris le tiroir du haut et en extirpai un coffret de bois ouvragé. Celui-ci contenait deux lourds pistolets à un coup, soigneusement chargés à l'avance. Je fis jouer la serrure, m'emparai des armes, lui en tendis une qu'il ne saisit pas immédiatement. Il la contempla dans la semi-obscurité, muet, atterré, comme si je lui offrais de se suicider.

— Il faut bien quarante pas pour tirer avec une arme pareille, s'émut-il dans un souffle. Jamais ici nous n'aurons suffisamment de place pour…

— Qui vous parle de cette maison, le coupai-je d'un ton sec. Vous ratez votre coup et voici mes boiseries abîmées. Allons, c'est dehors que…

— Dehors, s'emporta-t-il soudain. Vous vous moquez ! La tempête fait rage !

— Chercheriez-vous encore à vous défiler, Monsieur de Grémil ?

Il saisit le pistolet d'un geste brusque, si brusque qu'il me surprit.

— Pas le moins du monde.

Son visage était tout à la fois rouge de confusion et blanc de rage. Un joli tableau, très plaisant. Il se rua sur la porte, le pistolet en main.

— Eh bien, qu'attendons-nous, lança-t-il par-dessus son épaule.

— La décoration.

— Quoi, la décoration ?

— Laissez-la là, sur le bureau.

— Pour que vous la récupériez ensuite, c'est cela, ricana-t-il. Si vous y tenez tant…

Frémissant de rage, il la jeta sur le bureau avant de sortir. Je lui emboîtai le pas, pesamment. Le cœur m'élançait, par saccades. Preuve que je n'étais plus l'homme d'antan, toujours prompt à la riposte. De Grémil ouvrit la porte d'entrée. L'averse nous saisit à la gorge à peine franchi le seuil. Des gouttes plus acérées que des poignards nous lacéraient la face.

— Par là, hurlai-je à mon adversaire pour couvrir la voix du vent. Par là, sur la lande…

— Mais par là, c'est la falaise, la mer…

— Et alors, vous vouliez de l'espace, non?

Sans me répondre ni même me regarder, de Grémil s'élança en avant, les épaules rentrées. La poitrine me brûlait toujours autant, à mesure que j'avançais à sa suite, la tête courbée sous la bourrasque. J'allais payer cette folie, je le savais, mais dans l'instant, je ne pensais qu'à un seul but: sauvegarder mon honneur. C'est un mal commun, paraît-il, la plus grande cause de mortalité de notre époque troublée! L'honneur! Les maris trompés tuaient les amants; les jeunes gens éconduits se suicidaient; les femmes trahies s'étouffaient lentement dans leur boudoir. Un drame inévitable.

Parvenus à quelques encablures de la vieille demeure, sur la lande dominant la falaise, nous nous arrêtâmes enfin. L'endroit était dangereux, même par grand beau temps. de Grémil me fit face et leva son pistolet. Il avait piètre allure, le bougre, avec son costume trempé et ses cheveux plaqués sur son front. Je devais lui ressembler. Deux duellistes rageurs égarés dans la tempête.

— Quarante pas, Monsieur de Grémil, criai-je à l'espion.

— Quarante pas, répéta-t-il d'un ton froid en écho.

Nous prîmes nos repères, nous adossâmes, levâmes enfin nos pistolets à hauteur de poitrine avant d'avancer, chacun de son côté. Quarante pas. Je les comptais, un à un, tout en prenant bien garde de ne pas verser dans quelque crevasse. J'entendais le ressac de la mer lécher furieusement le pied de la falaise et l'émietter, comme un sablé dans la tasse de thé d'une mondaine. Cette nuit plus obscure que toute, se tenir là relevait du suicide. Trente-huit. Trente-neuf. Quarante.

Je me retournai. de Grémil se tenait loin devant, à quatre-vingts pas, silhouette imprécise que faisait chanceler le vent. J'abaissai mon pistolet, mis en joue. Et tirai.

Mon cœur, soudain, me fit très mal. Je m'écroulai à terre, comme foudroyé. L'air me manquait. Pourtant, aucune trace de sang, aucune blessure. Seulement mon cœur. Mon cœur qui battait la chamade et m'oppressait. J'eus à peine le temps de jeter un regard au loin avant de m'évanouir. De Grémil semblait avoir disparu. Effacé du rebord de la falaise par ma balle ou une vague plus vive que les autres.

Je repris connaissance dans mon lit comme l'on sort d'un cauchemar, en hurlant. Ma bonne accourut aussitôt à mon chevet. Elle devait guetter devant la porte.

— Monsieur Dariole! paniqua-t-elle en me voyant dresser dans mon lit. Monsieur Dariole, vite!

Dariole. Mon médecin. Un colosse qui avait servi dans son jeune âge Napoléon et était devenu manchot durant la retraite de Russie. Il me plaisait. Avec son bras unique et sa moustache de grognard roussie aux feux de l'enfer, il avait moins l'air d'un médecin que d'un mercenaire. Mais si Dariole était là, mon état était grave, très grave.

— A-t-il vomi? furent ses premières paroles dès qu'il pénétra dans la pièce. Rendu sa bile? Des glaires? Est-il fébrile? A-t-il eu des spasmes ou quelconque signe de trouble? Répondez, voyons!

La bonne était tétanisée. Elle roulait des yeux hagards tout en me fixant, le doigt tendu et les mots étouffés dans sa gorge. Dariole la repoussa dans le couloir en maugréant et s'approcha. J'étais retombé dans les oreillers, étrangement calme. Serein. Plus serein que je n'avais jamais été.

— Fabien, appelai-je dans un souffle.

— Je suis là, Jean, répondit avec empressement Dariole, tout en me tâtant le pouls. Tout va bien, tu as juste besoin de repos.

— La médaille. L'espion...

— Quelle médaille? Quel espion? De quoi parles-tu donc? Tu sais, il n'est pas raisonnable pour un homme de ton âge d'aller seul sur les falaises en pleine nuit et surtout...

— Fabien, le coupai-je, je n'étais pas seul.

— Allons donc, tu étais seul! Et bien mal vêtu pour affronter pareil temps! C'est ta bonne qui m'a prévenu. La soupe était froide et la porte entrouverte, alors elle a pensé que...

— Fabien, le coupai-je encore, va dans le bureau. Regarde sur ma table de travail si tu ne trouves pas une décoration...

Dariole fronça les sourcils d'un air soucieux.

— C'est plus grave que je ne craignais, fit-il, tu as des hallucinations. Je vais...

— Non, dis-moi si tu trouves une médaille, c'est tout.

Il hésitait à me laisser, mais se rendit pourtant jusqu'au cabinet de travail. Je dus m'assoupir un peu. Un instant plus tard, il était à côté de moi et me tendait la médaille. Mes doigts tremblaient en la saisissant.

— C'est ça que tu désirais?

— Oui, balbutiai-je, presque ivre. Je le visais juste à l'épaule, tu sais. Je ne voulais pas le tuer.

— Mais de quoi parles-tu donc, Jean? Et cesse de t'agiter, voyons. C'est de repos dont tu as besoin, de repos. C'est tout.

Je souriais. L'incrédule. Mon honneur m'avait été rendu. Je pouvais bien succomber dans l'heure, ma vie n'avait pas été vaine.

— Fabien, appelai-je à nouveau, malgré mes paupières qui s'alourdissaient d'instant en instant.

— Quoi encore? Il faut dormir à présent.

— Promets-moi, si je meurs, de m'enterrer avec cette médaille. Promets-le.

Dariole farfouillait dans sa sacoche posée au pied du lit. Il ne me regarda même pas.

— Si ça peut te rassurer, maugréa-t-il en saisissant sa lancette.

Et personne, jamais, n'a retrouvé cette croix de Saint-Louis ? s'étonna l'apparition en baissant ses yeux charmants vers D'Albarade. Personne n'a jamais songé à chercher là ?

— Jamais, s'étouffa de rire le vieux corsaire. Ils étaient à tel point enragés de s'être fait berner qu'ils ont même prétendu que je l'avais gobée, cette médaille ! Gobée ! Je vous demande un peu !

L'apparition éclata à son tour de rire, alors que le reste de l'assistance s'abîmait dans la contemplation de sa bière ou de celle du voisin. Le Basque s'en aperçut et la rage succéda à son entrain :

— Holà, compagnons ! Pourquoi cette morosité soudaine ? Des compagnons sont partis ? Et alors ? Certains – et son regard se tourna vers Pellot et ses deux comparses – croient plus fins de boire entre hommes, alors que jamais, auparavant, ils ne s'étaient parlés ! Et ceux-là et – du doigt, D'Albarade désigna Surcouf et L'Olonnois, assis non loin l'un de l'autre et se surveillant – qui pensent quitter ces enfers en se lacérant mutuellement. Allons donc ! Je vous aurais cru plus courtois que cela, vous, mes pairs corsaires, et vous autres, racailles océanes ! Grands Dieux ! Faut-il que ce soit à moi, Jean D'Albarade, obscur marin devenu ministre, de m'ériger en défenseur de la beauté et de l'aventure ? Une chance unique nous a été donnée, Messeigneurs, de goûter à nouveau à la vie, de peut-être reprendre la mer, qui sait ? Qu'un ange vienne en votre royaume de ténèbres et vous voulez l'avilir ! Moi aussi, parmi vous, j'ai douté. Moi aussi, parmi vous, je ne voulais pas livrer mon histoire, me laisser aller aux confidences. Et pourtant, je vois clair, à présent ! L'aventure est là, et qu'elle ait visage de femme ou figure de proue m'importe peu. Aussi, compagnons, levez-vous, levez vos verres et portons un toast à cette donzelle affriolante en diable qui nous a distraits un temps de nos misères !

Et, comme si son discours lui avait asséché la langue, D'Albarade s'empara d'un godet d'eau-de-vie qui traînait esseulé sur une table et le vida d'un trait.

— Santé !

Un long murmure s'amplifia dans la salle, jailli de mille et mille gorges. Les hommes, hébétés, repentants, méfiants, extasiés, s'approchèrent peu à peu de D'Albarade et de la poutre maîtresse où siégeait l'apparition, stupéfaite. La foule grossit. Bientôt, ce ne fut plus que poings levés brandissant des chopes pleines et regards éblouis de folies et de promesses. La mer dansait dans les yeux des marins hallucinés, les murs de la taverne tanguaient, les tables frémissaient sous le roulis de vagues imaginaires. L'apparition, comme en transe sous les prunelles braquées sur sa peau laiteuse, se leva petit à petit et se tint debout sur sa poutre. Son souffle court faisait tressaillir ses seins, ses hanches, son corps entier. Uniquement vêtue d'un jupon de dentelle, elle s'en débarrassa bientôt pour apparaître nue, dans la radieuse splendeur du premier jour de l'homme.

— Ô compagnons, murmura-t-elle, et sa voix frêle bruissait sous le plafond de la taverne comme le grondement sourd des bouches à feu, prélude aux abordages. Ô compagnons ! Je me suis penchée sur vos misères, jusqu'à incarner le visage de toutes les femmes. Tous leurs travers et leurs mérites. Tour à tour ce soir, pour vous plaire, j'ai été méprisante, odieuse, intrigante, jalouse, radieuse, amoureuse, gracile et perspicace. Pour vous plaire, uniquement. Pour que la beauté vous révèle enfin. J'inspire de la concupiscence, soit, mais mon âme, seul l'un d'entre vous l'a entrevue. Sans lui, vous m'auriez perdue, et vous avec. Ce n'est pas moi qu'il faut aimer, ni ce corps altier qui abrite mon esprit, mais l'aventure, l'aventure toujours. Je suis l'incarnation de l'aventure, ô mes vassaux ! Vous n'êtes pas morts, marins, seuls vos rêves le sont. Morts, bel et bien.

Le silence était palpable dans l'assemblée, de gros blocs de silence, bien lourds. Pour la première fois depuis la venue de cette apparition, aucun homme ne voulait interrompre ses paroles, même pour s'attirer ses grâces, ou la maudire. La Belle Dame était redevenue un ange, une déesse ou mieux encore, une femme réelle que l'on pouvait aimer. Simplement.

— Vous demeuriez éternellement à quai, continua-t-elle, car vous aviez égaré vos songes. Vous avez cru tous ceux qui vous affirmaient que votre temps était fini. Or, quand un rêve disparaît, l'existence s'éteint d'elle-même. Ombres parmi les ténèbres, vous végétiez dans l'attente du réveil, toujours à la lisière de la nuit et de l'aube. Ces histoires glorieuses et tristes, sanguinaires et tragiques, que vous m'avez contées vous ont rendu souffle. Le soleil se lève enfin. Allez au port, vous y trouverez sans nul doute les navires que vos mots, vos souvenirs, ont ressuscités des cimetières marins. Ils vous attendent.

Un tressaillement saisit l'assemblée. La mer, la mer à nouveau, loin de ce port des enfers où ils se languissaient de leur liberté.

— Et vous ? s'enquit soudain Souville, rompant le charme de la rédemption.

— Mon rôle s'achève ici, fit l'apparition en écartant les bras. Parmi vous.

— Et quel est l'élu ? questionna Surcouf en allumant un nouveau cigare. Moi, peut-être ?

La belle haussa les épaules et pencha la tête vers la foule amassée à ses pieds. Elle tanguait dangereusement, debout, sur sa poutre. Ses cheveux lustrés lui faisaient comme un dais autour de son délicat visage.

— Je ne choisis aucun de vous, soupira-t-elle enfin, je vous agrée tous. Comment décider, entre tant de vies si disparates ? Même Dieu hésiterait. Je suis à vous, à vous tous.

Et s'élevant légèrement dans les airs d'un saut gracieux, la Belle Dame plongea vers la foule des marins déchaînés.

FIN

OUVRAGES CONSULTÉS

- Pierre Mac Orlan, "Les clients du Bon Chien Jaune", Écrits de France, Paris, 1946
- Roger Vercel, "Visages de corsaires", Albin Michel, Paris, 1946
- Hubert Deschamps, "Pirates et Flibustiers", Que Sais-Je? 1950
- Philip Gosse, "Histoire de la Piraterie", Payot, 1952
- Robert Charroux, "Trésors du monde enterrés, emmurés, engloutis", Fayard, 1962
- Claude Duneton, "La puce à l'oreille", Stock, Paris, 1978
- Gérard A. Jaeger, "Les femmes d'abordage", Éditions Clancier-Guénaud, collection "mémoire pour demain", Paris, 1984
- Gilles Lapouge, "Les pirates" (forbans, flibustiers, boucaniers et autres gueux de mer), Éditions Phébus, Paris, 1987
- Philippe Jacquin, "Sous le pavillon noir, pirates et flibustiers", Gallimard, Découvertes, Paris, 1988
- A.O. Œxmelin, "Les flibustiers du Nouveau Monde" (Histoire des Flibustiers et Boucaniers qui se sont illustrés dans les Indes), Phébus, Libretto, Paris, 1990
- Daniel Defoe, (sous le pseudonyme de Charles Johnson), "Histoire générale des plus fameux pirates", deux tomes, ("Les chemins de Fortune"; "Le grand rêve flibustier"), Phébus, Libretto, 1990
- Louis Garneray, "Corsaire de la République", (Voyages, aventures et combats), Payot, 1991
- Jean Merrien, "Corsaires et Flibustiers", L'Ancre de marine, Saint-Malo, 1996
- Michel Le Bris, "Un hiver en Bretagne", NiL éditions, Paris, 1996
- Eugène-François Vidocq, "Mémoires", édition établie par Francis Lacassin, Robert Laffont, Bouquins, Paris, 2001
- Actes du colloque de Brest, (3 et 4 mars 2001), sous la direction de Michel Le Bris, "L'aventure de la Flibuste", Hoëbeke, Paris, 2002.
- Jacques E. Merceron, "Dictionnaire des saints imaginaires et facétieux", Seuil, Paris, 2002
- Marcel Schwob, "Œuvres", édition établie et présentée par Sylvain Goudemare, Phébus, Libretto, Paris, 2002
- Olivier Pétré-Grenouilleau (et collaborateurs), "Nantes", éditions Palantines, Plomelin, 2003

LEXIQUE

Arcasse : terme d'architecture navale. Il s'agit d'un des éléments composant la partie postérieure de la poupe, à l'arrière. (La charpente horizontale qui le constitue est soutenue par un étambot, une forte pièce de bois perpendiculaire à l'étrave).

Bâbord (Tribord) : terme usuel de marine, désignant le côté gauche d'un bâtiment ("tribord" signifiant par opposition "à droite").

Barque : ce mot, tout comme les termes "chaloupe" et "canot", désignait autrefois aussi bien une embarcation de petite taille convenant à deux ou trois hommes (le sens qu'on lui prête communément de nos jours) qu'un bâtiment de modeste tonnage pouvant comporter plusieurs voiles et mâts. Certaines barques grées à Boulogne-sur-Mer à l'époque de Louis XIV pouvaient ainsi dépasser les vingt tonneaux.

Batterie : selon Littré, "chacun des ponts d'un vaisseau garni de canons".

Beaupré (mât de beaupré) : mât horizontal qui pointe à l'avant des navires de fort tonnage.

"Bois d'ébène" : nom argotique désignant les esclaves noirs raflés sur les côtes africaines et considérés comme une simple marchandise, à l'instar du coton ou des épices.

Boucan (boucanier, boucaner) : le terme "boucan", devenu de nos jours synonyme de "bruit", désignait autrefois, aux Antilles, un feu où l'on fumait des porcs sauvages. Ceux qui s'occupaient de ces feux, les "boucaniers", exerçaient cette activité aux périodes creuses où ils ne pouvaient s'embaucher comme marins. Nau L'Olonnois commença ainsi sa carrière à boucaner avant de se livrer à la piraterie. C'était une existence rude et aventureuse, vécue le plus souvent en pleine forêt. Aussi la solidarité entre compagnons était-elle essentielle pour survivre.

Brick : navire de faible tonnage, généralement à deux mâts et voile carrée. Le transport des troupes peut varier de 50 à 100 hommes, selon la capacité du bâtiment. Un brick est reconnaissable par son mât principal incliné vers l'arrière.

Brigantin : Comparé au brick, dont il partage le même gréement, le brigantin est un navire plus léger, généralement à un seul mât. Il se révèle idéal, de par ses lignes, pour donner la chasse aux autres bâtiments.

Capitane : nom usuel donné autrefois aux galères principales en Europe, hormis en France.

Caraque : nom attribué autrefois à des navires de fort tonnage, généralement espagnols ou portugais.

Carène : forte pièce de bois très longue formant le socle d'un bâtiment ; se dit aussi des flancs d'un navire, du plat-bord jusqu'à la ligne de flottaison.

Chasse-partie : contrat écrit passé entre flibustiers, réglementant la répartition des prises et les dédommagements en cas de blessures ou d'amputation (sans doute orthographié "charte-partie" au départ).

Château d'arrière : la partie arrière du pont supérieur d'un bâtiment ; le logement compris au-dessus de la poupe et réservé au capitaine.

Conserve ("de conserve", "naviguer de conserve") : Il y a souvent confusion entre deux expressions voisines : "de concert" et "de conserve". Le terme de marine "naviguer de conserve" signifie, jusqu'au XVIIIe siècle au moins, "suivre le sillage d'un autre bâtiment, en naviguant à vue ; garder le même cap". Cette expression s'étant appauvrie avec l'usage, on ne l'emploie plus, dès le début du XXe siècle, que dans le sens de "projeter une même action, une action concertée". "De conserve" devient donc "de concert". Quant au mot "conserve", il n'est plus employé de nos jours que pour désigner... les aliments stérilisés en boîte !

Cotre : petit bâtiment de guerre à mât unique extrêmement maniable, appelé aussi "cutter".

Drisse : cordage. On l'emploie pour hisser vergue, pavillon, etc.

Écoutille : ouverture entre deux ponts. On ouvre ou on ferme les écoutilles selon l'usage. On les ouvrira pour charger les cales ou on les fermera en cas de tempête.

Entrepont : faux pont. Espace aménagé entre deux ponts dans un navire. Sur des bâtiments plus importants, l'entrepont peut désigner aussi l'étage situé entre le pont supérieur et la cale.

Gaillard (d'avant, d'arrière) : Selon Littré, on définit comme "gaillard d'arrière" "toute la partie du pont située à l'arrière du mât d'artimon" (soit le mât le plus près de la poupe) et comme "gaillard d'avant" "tout ce qui est en avant du mât de misaine" (le mât le plus près de la proue, près du beaupré).

Hauban : cordage servant à fixer un mât au pont, que ce soit par l'arrière ou le travers du navire. À noter que ces cordages sont ficelés de telle manière que l'on peut grimper dessus afin d'atteindre le haut des mâts, les huniers. Ce rôle est réservé d'ordinaire aux marins les plus agiles, les gabiers.

Hourque : sorte de bateau à fond plat, couramment utilisé en Hollande au début du XVIIe siècle.

Mantelet (de sabord) : volet de bois qui permet de fermer les ouvertures de la coque. Ces ouvertures, les sabords, sont prévues pour permettre aux canons de tirer.

Mouche: nom donné à un navire de surveillance faiblement armé, chargé d'inspecter les défenses ennemies. Ce peut être un brick de 5e rang, un cotre ou un lougre, tout bâtiment léger et vif.

Palan: sorte de poulie, servant à hisser les marchandises à bord du navire.

Pétun : nom ancien du tabac.

Ralingue: pour éviter que les voiles ne se déchirent sous la force du vent, on coud autour de celles-ci un cordage, appelé ralingue.

"Rompre la mesure": terme d'escrime signifiant, selon Littré, "reculer en parant".

"Rompre la semelle": terme d'escrimeur qui signifie: "reculer de la longueur du pied".

Sloop: dans la lignée des petits bâtiments de guerre, le sloop se compose d'un unique mât vertical sur lequel se fixe une voile en forme de trapèze ou, lors des fortes tempêtes, une voile carrée. Ce type de navire peut être armé, en temps de guerre, d'une vingtaine de canons au maximum.

"Sous le vent": en marine, être "sous le vent" de quelqu'un, un autre navire, ou de quelque chose, une terre par exemple, signifie qu'un objet se place entre vous et le "lit du vent", c'est-à-dire, grossièrement, la direction d'où le vent souffle. Son action s'en trouve donc amoindrie.

Tillac: ce mot, complètement inusité de nos jours, désignait tout bonnement le pont du navire.

Tonneau: unité de mesure couramment employée dans la marine pour calculer la taille et la contenance des navires. Un tonneau vaut 2.83 mètres cubes.

"Vent rond": selon Littré, se dit d'un vent "de force uniforme et assez vif".

Le peintre **Louis Garneray,** dont une œuvre est reproduite en couverture de ce livre (musée de La Roche-sur-Yon), fut aussi un marin corsaire. Né en 1783, fils d'un élève du peintre David, il s'engage à 13 ans comme mousse aux côtés de Surcouf et d'autre hardis marins et bourlingue à travers les océans du globe. Capturé en 1806 par les Anglais avec l'équipage de *La Belle Poule,* il est enfermé à Portsmouth sur *Le Protée*, sinistre ponton. Après plusieurs tentatives d'évasion et huit années de captivité, il est enfin libéré en 1814.

Louis Garneray choisit alors une vie moins aventureuse. Devenu peintre de marine reconnu, sous la protection du duc d'Angoulême, il expose dans de nombreux salons et parcourt les côtes françaises exécutant une série de "Vues des ports de France". Ces estampes, gravées par Cochin et Lebas, contribueront beaucoup à sa popularité. Il illustre également plusieurs combats navals dont la bataille de Navarin et écrit ses mémoires: "Voyages, aventures et combats" et "Mes pontons".

Louis Garneray décédera à l'âge de 74 ans en 1857, ayant échappé aux morts violentes qui étaient le destin de bien des marins et corsaires. Sa femme n'aura pas cette chance. Elle mourra assassinée quelques mois après la disparition de son mari; on ne retrouvera jamais son meurtrier.

Entrée des artistes...

VENT-EN-PANNE

Les meilleures sources que nous possédions sur les pirates sont, d'après Philippe Jacquin, auteur d'un remarquable ouvrage sur la question, les livres du capitaine Johnson (alias Daniel Defoe, l'écrivain de "Robinson Crusoë") et d'Alexandre Oexmelin, un chirurgien de marine. C'est ce dernier qui nous évoque comme par inadvertance la carrière désastreuse de ce sacré "Vent-en-Panne". Si son nom véritable, ainsi que ses origines, nous sont restés inconnus, ses déboires, brossés par Oexmelin en à peine une page, illustrent bien la vie des pirates de l'époque, avides de richesses et prompts à les perdre.

PIERRE FRANC

Si l'on connaît ainsi les exploits de Pierre Franc, c'est toujours grâce aux révélations d'Oexmelin. Ce dernier le cite en exemple du pirate qui sut s'arrêter à temps, tout comme certains joueurs à la roulette! Hormis le lieu de sa naissance, Dunkerque, nous ne savons rien d'autre sur lui, ni de ce qu'il advint de sa fortune une fois rentré au port.

LA BUSE

Né à Calais à la fin du XVIIe siècle, Olivier Le Vasseur, surnommé La Buse, aurait pu échapper à la mort cruelle qu'on lui infligea à l'île de La Réunion le 7 juillet 1730, s'il n'avait voulu être réhabilité. Il avait su parfaitement tirer profit de ses prises, effectuées dans les années 1720 en compagnie d'un autre pirate, Taylor. En camouflant son passé de pirate derrière son nouveau métier de pilote au large de Madagascar, il tâchait de faire oublier ses écarts, notamment la saisie de "La Vierge du Cap", un vaisseau portugais de 72 canons chargé d'or et de pierreries. Le désir d'être amnistié de ses fautes le perdit.

JEAN-BAPTISTE POLLET

D'où le corsaire boulonnais Jean-Baptiste Pollet tient-il son surnom de "pecqueu de rougets"? Le "rouget", c'était l'Anglais, l'ennemi de cette époque, reconnaissable entre tous à sa tenue... rouge, justement! ("pecqueu" signifie "le pêcheur"). Vidocq dresse du corsaire un portrait élogieux dans ses mémoires. L'épisode dont nous nous sommes inspirés pour écrire ce chapitre provient des "Mémoires" du médecin Charles Dunant, cité par l'écrivain Jean Merrien.

PIERRE LE GRAND

Voilà encore un pirate dont on ne sait presque rien, sinon ce que nous en dit Oexmelin. Où le chirurgien avait-il lui-même entendu cette histoire d'abordage échoué? Mystère... Peut-être dans quelque bouge d'Hispaniola ou de La Tortue?

MONBARS L EXTERMINATEUR

Monbars, dont on ignore le prénom et la destinée finale, est né vraisemblablement dans la seconde moitié du XVIIe siècle, au sein d'une famille fortunée du Languedoc. Par désir d'aventure, il s'enfuit de chez ses parents à la fin de l'adolescence et s'embarque au Havre, épaulé par l'un de ses oncles. Née des lectures assidues de Las Casas, défenseur ardent de la cause indienne, sa haine viscérale des Espagnols, fautifs selon lui d'avoir ruiné une civilisation florissante en annexant l'Amérique, lui vaudra une renommée sulfureuse. Sous le surnom d'"Exterminateur", il pourchassera sa vie durant tous les navires battant pavillon espagnol. Là, lors de combats incessants, il alliera rage et supplice raffiné envers les équipages ennemis, ne s'attaquant toutefois qu'à ceux qui lui résistent. Alexandre Oexmelin, qui le connut, le décrit comme un être farouche, bien fait de sa personne et dont le visage, orné de deux sourcils si proches qu'il formait une barre, ne laissait pas indifférent. "Dans le combat", écrit le chirurgien, "il commençait à vaincre par la terreur de ses regards" et "achevait par la force de son bras".

JEAN FLEURY

Jean Fleury "alliait à u obilité et une habileté manœuvrière digne d'un chef d'escadre". Ainsi l'écrivain Roger Vercel décrit-il ce corsaire, originaire d'Honfleur, qui sut imposer par son courage et sa ténacité le pouvoir de son armateur et maître, Jean Ango. Né vraisemblablement à la fin du XVe siècle, Fleury, capturé au terme d'une bataille glorieuse contre deux escadres basques, sera exécuté le 13 octobre 1527 sur ordre exprès de Charles Quint. Ango, son commanditaire, menait seul une guerre personnelle contre le Portugal, alors allié de la France. C'est dire l'importance des armateurs à cette époque, capable de s'attaquer en toute impunité à un État. Fleury était, avec d'autres, le bras armé de ce contre-pouvoir. Si le combat dans l'Hôtel de la Pensée, allégorie d'une joute verbale, relève de la fiction, les échanges entre les deux hommes, eux, sont bien réels.

GUILLAUME-MARIE ANGENARD

Angenard, né à Saint-Malo le 22 décembre 1776 d'une famille fort modeste, eut une vie mouvementée et bien remplie, comme en témoignent ses Mémoires publiés après sa mort en 1833. Cette notice ne suffirait pas à dresser la liste des aventures et misères subies par le corsaire qui voyagea d'un bout à l'autre du globe, de Bornéo à Ceylan et de Plymouth à l'île Maurice, connut prisons, désertions, blessures et naufrages et mourut... dans son lit!

ROBERT SURCOUF

Dans ses Mémoires de mer, intitulés "Voyages, aventures et combats", le peintre Louis Garneray, engagé à bord de La Confiance, un des navires de Robert Surcouf, dresse un portrait fidèle de l'illustre corsaire, né à Saint-Malo le 12 décembre 1773: "Surcouf était un de ces hommes qui, enveloppés d'une écorce assez rude, ne peuvent être devinés ni compris à la première vue". Il évoque ainsi "ses manières rondes, aisées, mais originales", surtout "son génie". Au demeurant " bon et joyeux vivant s'il en fut jamais, il possédait une gaieté communicative dont on ne pouvait se défendre. (...) Personne ne blaguait mieux que lui. Son esprit vif, actif et plein d'à-propos, ne lui faisait jamais défaut pour l'attaque ou la riposte". Ajoutons à cela des côtés plus sombres de négrier et de contrebandier, voire de pirate quand cela se présentait. Surcouf demeure dans les mémoires comme le corsaire par excellence, fidèle à son éthique et fort en gueule si on le contredit. Il usait volontiers du mousquet pour imposer sa volonté! Pour Roger Vercel, il possédait un "naturel de cratère qui bouillonne longuement, sourdement, puis explose". Après une vie aventureuse, il se retira dans ses terres de Saint-Servan jusqu'à sa mort, le 8 juillet 1827.

HERVE DE PORZMOGUER, DIT PRIMAUGUET

C'est l'écrivain Michel Le Bris qui, dans son livre "Un hiver en Bretagne", évoque cette figure de la course au temps de la duchesse Anne de Bretagne. À la différence de La Buse, il fut racheté de son passé de pilleur pour servir les couleurs de la Bretagne. Sa mort, tout autant dramatique qu'étonnante, témoigne bien de sa hargne et de son honneur farouche.

TOM SOUVILLE

Décrire la vie de Tom Souville en quelques phrases est ardu tant celle-ci fut mouvementée. Impitoyable avec ses ennemis, mille fois emprisonné, mille fois évadé, ce corsaire est animé d'un courage insolent, que ce soit pour capturer des vaisseaux ou sauver des gens en détresse. Il terminera sa vie comme un bon bourgeois, ce que déplorera d'ailleurs l'écrivain Eugène Sue venu lui rendre visite et qui espérait rencontrer un authentique mercenaire au lieu d'un brave homme affable! Né le 24 février 1777 à Calais, il meurt le 31 décembre 1839 dans cette même ville, honoré de ses concitoyens, après une existence plus que remplie!

LOUISE ANTONINI

L'histoire de Louise Antonini ressemble à s'y méprendre à ces romans de chevalerie où l'héroïne doit se travestir en homme pour prouver son bon droit. Dans le cas présent, on ne sait pourquoi cette jeune fille, née à Ajaccio en 1771 d'un père corse et d'une mère bretonne, embrassa la carrière des armes. Tout comme une autre femme de la région, Julienne David, Louise fut de tous les combats, aussi bien sur terre que sur mer. Sa vie, qui s'étire sur 90 ans jusqu'à sa mort à l'hôtel-Dieu de Nantes le 25 juin 1861, traverse avec la même fougue, toutes les époques, dans tous les corps d'armée possibles, de l'Ancien Régime à la Restauration, en passant par la Révolution et l'Empire. Le seul épisode certain de son existence, outre un séjour prolongé sur les pontons anglais, se situe vers 1838. Une blessure profonde, reçue lors d'un combat au Portugal, dévoila son identité. Elle fut alors réformée au grade de... sergent!

JEANNE DE BELLEVILLE

Étrange destin de cette femme farouche et fière qui vit disparaître son mari dans un piège ignoble. Comme un sacrifice atroce, sa hargne à venger la mémoire de son époux lui fit perdre par ailleurs le plus jeune de ses fils. Son surnom de "Lionne des mers" résume à lui seul la sauvagerie qu'elle déploya pour ruiner la flotte du roi de France. Selon l'historien Gérard Jaeger, "la veuve tragique", dont la carrière commencée à terre s'achèvera dans la douleur en pleine mer, se serait réfugiée à la fin de sa vie dans la demeure de son nouvel époux, Gauthier de Bentley, à Hennebont. Mais cela est-il certain?

JACQUES CASSARD

Le discours peu cohérent de Jacques Cassard, s'il nous restitue la démence qui le saisit à la fin de sa vie, ne témoigne pas du fantastique coureur des mers qu'il fut. Né le 30 septembre 1679 sur le quai de La Fosse à Nantes, issu d'une famille nombreuse et modeste de gabariers de Loire, le corsaire fut un prodigieux stratège, avide d'honneurs. Sa probité et la conscience extrême de sa valeur égarèrent néanmoins sa raison. Après nombre de missions le long des côtes de l'Afrique et aux Antilles, les procès sans nombre et les dettes qu'on lui infligea par la suite lui causèrent plus de mal que les boulets ennemis. Il en mourra fou, reclus dans la forteresse de Ham, à 54 ans, le 21 janvier 1740. Un exemple parmi d'autres de cet acharnement absurde et mesquin: chargé d'escorter des navires de grains bloqués par les Anglais, il parvint à forcer le passage mais, affaibli après le combat, ne put rentrer au port que 48 heures après ses protégés. Ses armateurs refusèrent alors de le payer sous le prétexte fallacieux que les vaisseaux marchands étaient venus seuls au port!

FRANCOIS NAU, DIT L'OLONNOIS

François Nau, né en 1630 aux Sables-d'Olonne, d'où son surnom, fut bel et bien dévoré en 1671, à 41 ans, par des Indiens Bravos. Ces cannibales de l'archipel des Baru (dans le golfe du Darien près de Carthagène, aujourd'hui isthme de Panama), comme nous le relate sinistrement Oexmelin, "le hachèrent par quartier, le firent rôtir et le mangèrent". L'écrivain Joël Pérocheau précise que les Indiens espéraient hériter ainsi de sa bravoure. Triste fin néanmoins pour un pirate sanguinaire, violent mais prometteur. En effet, le début de sa carrière témoigne d'un réel courage et d'un esprit d'entraide, épaulé par une chance insolente comme lors de la prise de Maracaïbo. Néanmoins, "du jour qu'il remplaça les combats navals par des investissements de villes" comme l'estime l'écrivain Jean Merrien, Nau ne se résuma plus qu'à "un pillard, un bandit, une bête fauve".

MISSON

La première utopie "socialiste" peut être attribuée à Misson et à son compère Carracioli. Daniel Defoe évoque dans son livre cette quête d'un lieu où tous les hommes seraient enfin frères, quête qui se constitue petit à petit au fil des prises de navires et des rencontres. Une question demeure: pourquoi cette destruction de Libertalia, qui se trouvait sur la côte est de Madagascar, par les indigènes de l'endroit? Ont-ils eu peur d'être débordés par le nombre croissant des colons? Libertalia n'est-elle qu'un pieux rêve illusoire, irrémédiablement condamné avant d'avoir vécu? L'écrivain Gilles Lapouge, de son côté, estime que Misson était trop écartelé entre la réalité sanglante de ses actes et son désir de fraternité: "Peut-être alors", résume-t-il, Misson, "rompu au maniement des idées comme il semble qu'il le fut, méditait-il sur la difficulté d'être pirate et saint en même temps". Une bien difficile alliance...

LOUIS LE MEL

On ne sait pas comment s'acheva la vie de Louis Le Mel, né à Liège dans les années 1670, mais certainement pas suicidé dans une prison. Il séjourna dans sa geôle trois ans encore avant d'être libéré. Les pays autrefois ennemis s'étaient réconciliés et sa trahison importait peu. Il projeta alors de s'installer à Saint-Domingue, mais hésita tant que ses créanciers parvinrent à le faire écrouer à Calais. Cette fois-ci, il s'évada et disparut pour de bon en 1715. Autrefois comblé d'honneurs pour son courage, il avait perdu tout crédit auprès de l'amirauté.

MONTAUBAN

On ne connaît que peu de choses de la vie du capitaine Montauban, juste ce que nous en révèle Oexmelin. Un éventail d'abordages et de prises fructueuses achevé net par un naufrage spectaculaire, base de notre récit. Sa fin, tout autant que le début de son existence, nous demeure largement inconnue. Il serait natif de Bordeaux, aux alentours des années 1660. Selon Oexmelin toujours, capturé par traîtrise à La Barbade par des marins anglais, il fut soigné de ses blessures et renvoyé en Europe avec deux autres compagnons, muni d'une bourse solide. Que devint alors cet écumeur des mers qui rôda entre les côtes du Mexique et celles du Cap-Vert vingt années durant? Mystère, mystère... D'après certains, il aurait succombé dans les premières années du XVIIIe siècle à des sévices infligés par des Indiens Aroargues qui l'auraient attaché à un arbre et lardé d'épines, après un naufrage désastreux dans une île proche du Yucatan.

ETIENNE PELLOT

Au registre des hommes d'action et d'envergure, tels Tom Souville ou Angenard, Pellot a toute sa place. Peut-être est-ce une question d'époque, puisque ce corsaire est contemporain des deux autres. Comme eux, il y aura le passage obligé aux pontons, les ruses pour fuir, les assauts sanglants et audacieux. Et surtout un féroce sens de la répartie et de la liesse. Né en 1765, il survivra à ses aventures comme à ses blessures pour s'éteindre 91 ans plus tard, en 1856, après une vie aussi tumultueuse qu'égrillarde. Le bougre ne manquait certes pas d'humour et de vaillance puisque, alors qu'on le croyait condamné, comme le rapporte Jean Merrien dans son livre sur les corsaires, il raccompagna lui-même à la porte le prêtre qui venait de lui administrer l'extrême-onction!

JEAN D ALBARADE

Né en 1743 à Biarritz, Jean D'Albarade sut louvoyer aussi bien en haute mer que dans les tumultes politiques de son époque.
Devenu Dalbarade sous la Révolution, il embrassa ainsi la carrière de ministre de la marine, après avoir longtemps servi avec éclat sous les ordres de l'Ancien Régime.
Trois années s'écoulèrent ainsi, de 1793 à 1795, années où il se défia de tous et ne prit aucune mesure. Il sera par la suite écarté du pouvoir et mis à la retraite d'office. Ayant repris sa particule sous l'Empire, il écrivit lettre sur lettre, depuis sa maison de Saint-Jean-de-Luz, pour demander la révision de sa maigre pension.
Si l'épisode de la croix de Saint-Louis est authentique (revenu au pouvoir, Louis XVIII semblait mettre un point d'honneur à récupérer toutes les distinctions anciennes), le traitement en est bien romanesque. Il est vrai néanmoins que le corsaire mourut le 31 décembre 1819.

REMERCIEMENTS

L'auteur et l'éditeur tiennent tient à exprimer toute leur gratitude à

Mme Rochette, du musée municipal de La Roche-sur-Yon
Mme Céline Rincé-Valin, du musée des Beaux-Arts de Nantes,
M. Xavier Trochu, des archives municipales de Nantes,
M. Didier Besseau, membre de l'association des descendants de capitaines corsaires, ainsi qu'au secrétaire de cette association, M. Guy Nicolas,
M. Le Brazidec, du château des Ducs de Bretagne.

L'auteur tient à remercier également ses amis
dont la contribution à la relecture du manuscrit s'est révélée inestimable :
Fabrice, Serge et Philippe,
sans oublier Sophie, toute première lectrice.

TABLE DES MATIÈRES

Achevé d'imprimer
À la Saint Justin 2004
sur les presses de
l'Imprimerie des Olonnes
pour le compte des
Éditions d'Orbestier
au Château d'Olonne
Vendée - France

www.dorbestier.com